T0267828

DESDE OM
HASTA AMÉN

Sharon M. Koenig

DESDE OM HASTA AMÉN

Si este libro le ha interesado y desea que le mantengamos informado de nuestras publicaciones, escríbanos indicándonos qué temas son de su interés (Astrología, Autoayuda, Psicología, Artes Marciales, Naturismo, Espiritualidad, Tradición…) y gustosamente le complaceremos.

Puede consultar nuestro catálogo en www.edicionesobelisco.com

Las anécdotas del libro son parte de una historia personal, y su contenido no está destinado a diagnosticar, sugerir ni sustituir un tratamiento o consejo médico o profesional. Antes de comenzar una nueva rutina de ejercicios espirituales o físicos consulte a su médico o terapeuta. Nunca interrumpa medicamentos o tratamientos sin la debida supervisión médica. Por favor, en el caso de una depresión, ya sea suya o de alguien cercano a usted y en especial cuando observe que se tienen pensamientos suicidas o de incapacidad de manejar su vida o sus emociones, acuda inmediatamente a un familiar y busque ayuda profesional, ya que estos comportamientos reflejan una emergencia y es importante recurrir a ayuda inmediata.

Colección Espiritualidad y Vida interior
Desde Om hasta Amén
Sharon M. Koenig

1.ª edición: abril de 2023

Corrección: *M.ª Jesús Rodríguez*
Diseño de cubierta: *Sharon M. Koenig*
Imágenes de cubierta: *Shutterstock y Canva*

© 2017, 2023 por Sharon M. Koenig
© 2023, Ediciones Obelisco, S. L.
(Reservados los derechos para la presente edición)

Edita: Ediciones Obelisco, S. L.
Collita, 23-25. Pol. Ind. Molí de la Bastida
08191 Rubí - Barcelona - España
Tel. 93 309 85 25
E-mail: info@edicionesobelisco.com

ISBN: 978-84-9111-992-0
DL B 4536-2023

Impreso en los talleres gráficos de Romanyà/Valls S. A.
Verdaguer, 1 - 08786 Capellades - Barcelona

Printed in Spain

Para abuela, para mami y para mi Gabrielle.
A Dios, todo en mi vida se lo dedico a Dios.

AGRADECIMIENTOS

Ante todo, doy las gracias a Dios por no abandonar a esta creyente renuente. A mi abuela Amparo, gracias por el amor a la espiritualidad y por mostrarme la apertura del aprendizaje. A mi mamá, por mostrarme el perdón. A mi hija Gabbie, por mostrarme amor incondicional.

En este libro sobre mis memorias, el agradecimiento se extiende a toda persona que se ha cruzado en mi camino, quizás de manera imperceptible, pero que ha dejado una huella importante. En parte soy la suma de todos los encuentros, tanto de los fortuitos como de aquellos que en un momento catalogué de infortunados. Escribir un libro es imposible sin la colaboración de un equipo que esté comprometido con la obra. Gracias, Juli Peradejordi, de Ediciones Obelisco, un verdadero ángel que ha dado una nueva vida a esta obra. Gracias a Anna Mañas y M.ª Carmen Mediavilla, y a todo el equipo de Ediciones Obelisco por la ayuda, y gracias a Mariela Díaz y a Lucía Laratelli de Spanish Publishers por todo su apoyo. Querida Giovanna Cuccia, siempre estaré agradecida por la primera oportunidad y por tus revisiones. Un agradecimiento especial a HarperCollins Español por la concepción del manuscrito original. Querida Martha Daza, gracias por tus revisiones. Gracias a Spanish Publishers. Gracias a mi equipo de trabajo y medios, Aline Ferreira, Josué Rivas y Emmanuel Cavazos por ayudarme a promover el mensaje. Juan Peña, gracias por todo tu apoyo siempre. Gracias, Dada Vaswani, en el cielo, Abouna Damon Geiger y Abouna Gabriel por las lecciones espirituales.

Gracias incondicionales a cada ser que me he encontrado en este camino espiritual por haber dejado una semilla en mi vida, dándole color a este bello jardín de experiencia.

PRÓLOGO

Les comparto con mucho cariño esta nueva edición revisada y aumentada, que incluye nuevos escritos y reflexiones. Luego de la pandemia, mucho ha cambiado, y tal como los ojos necesitan adaptarse a una nueva realidad luego de un encender de luz, igual me ha sucedido «un antes y un después».

Escribo constantemente sobre el tema de la espiritualidad, comparto reflexiones de la vida, la religión y lo aprendido, pero nada más intimidante que escribir mis memorias, especialmente al tener que confrontar algunas de mis elecciones del pasado y sus consecuencias. Muchos me preguntan por qué escribo acerca de la espiritualidad. Debo responder que la fe que he encontrado tiene varias etapas, las cuales han sucedido en diversos escenarios de mi vida, con varios personajes únicos que me han acercado o me han distraído del camino. Muchas personas se quedan en una sola fase de descubrimiento, otras jamás cesan de escudriñar; algunas se quedan en el mismo lugar por miedo a lo que puedan encontrar mientras que otras se lanzan al vacío por pura rebeldía. El navegante zarpa cuando el cansancio de vivir en la orilla es más intolerable que la incertidumbre de lo que nos espera en el mar abierto.

En mi caso, viajé desde la etapa de la infancia, que es la inocencia de creer todo lo que se dice en el entorno, hasta la desobediencia de la adolescencia, cuando no creía nada de lo que decía cualquier persona de autoridad, para luego buscar mis respuestas por medio de la propia independencia de pensamiento.

Acepto que cometí bastantes errores al abrir puertas que mejor hubieran permanecido cerradas, pero como un niño que aprende sobre la electricidad colocando su dedo en un tomacorriente, descubrí que la desilusión es la mejor maestra. Espiritualmente, viajé por el Pacífico, el Mediterráneo y la India, hasta el camino de Damasco. No todos los viajes fueron físicos, se puede viajar por medio de un libro o una conversación con un visitante de un lugar lejano. Muchas veces me perdí, pero luego me reencontré dentro de mi propio corazón. Para descubrir algo nuevo, a veces necesitas alejarte de las voces que quieren definirte.

El «om» y el «amén» son las palabras que muestran el sendero donde comencé, por donde caminé, lo que creí y, finalmente, hacia donde regresé. Cuando partes en un largo viaje y luego regresas, ya no vuelve la misma persona; tampoco tan ingenua. La historia común que ocurre en las epifanías es que muchas veces encontramos todo cuando lo perdemos todo, y qué mayor pérdida que la de la fe. Toda gran odisea en la vida surge de una o varias decepciones. Las grandes ideas muchas veces se forjan de caídas y de la pura necesidad. Reflexionando un poco, más que una vida calculada, la mía ha estado llena de accidentes, algunos fortuitos, otros, realmente han sido colisiones frontales con el destino.

Muchas de esas se han repetido varias veces. Mi sendero hacia Dios no ha sido un camino recto, lo he vivido como un viaje bastante complejo, lleno de avances, retrasos y retrocesos; otras veces, se ha presentado como uno de pura parálisis; mientras que, en otras ocasiones, cuando pensaba que volaba, sólo lograba encontrarme con una gran pared revestida de paraíso.

Sobre mi pasión por el tema espiritual, la pregunta más frecuente que me hacen mis lectores es: «¿Qué te sucedió? ¿Qué te llevó a esta búsqueda personal tan intensa?». «¿Cómo has llegado a tus conclusiones?». «¿Por qué hablas con tanta convicción?».

No puedo responder a estas preguntas en una sola frase, porque tampoco existe una sola respuesta que no sea la experiencia de caer y levantarse. Cuando alguien pretende elogiarme por algunas lecciones que comparto, inmediatamente me desprendo de las medallas de reconocimiento, y aclaro que no he aprendido por inteligencia, sino por el contrario, precisamente por la necedad de caer y cometer los mismos errores, una y otra vez.

No pretendo haber encontrado todas las respuestas, tampoco puedo definirme como un modelo de espiritualidad, religiosidad y fe cuando la duda y el escepticismo han sido y son mis fieles compañeros de camino. Pero ellos a su vez me han brindado un gran regalo, la habilidad de cuestionar, lo que en más de una ocasión me ha salvado de mí misma.

La primera parte de este libro contiene las anécdotas de mis comienzos, pues todos tenemos esa historia que cuando se mira de cerca lo explica todo; la segunda parte contiene la búsqueda, la curiosidad y algunas consecuencias; la tercera, un encuentro inesperado; y la última, el regreso a mi propio ser. El escritor sólo trata de encontrarse a sí mismo mientras lo comparte con el lector.

Para responder a mis propias preguntas, he ido recopilando parte de lo vivido espiritualmente en un solo lugar, mientras que al mismo tiempo quiero compartir por medio de algunas de mis vivencias cómo nuestras experiencias del pasado revisitan y afectan a nuestro presente.

A pesar del tiempo, existe una parte de mí que sigue siendo la misma, y tengo claro que siempre me han inquietado los mismos interrogantes, sólo que ahora puedo ver que en diferentes escenarios y en variados contextos, estas preguntas han sido consideradas desde diversas perspectivas.

Las historias de mi vida que relato son reales, aunque me he tomado la licencia de alterar nombres y circunstancias, lo suficiente para proteger la identidad de algunos. Lo que no ha cambiado es el sentimiento, la emoción y la lección de lo ocurrido. En la vida somos libres de escribir nuestra propia historia, pero la mayoría de lo que nos decimos nosotros mismos, tanto del pasado como del futuro, es producto de una ficción, son verdades o mentiras que nos definen o nos liberan. Los recuerdos no están escritos en una tinta permanente; las memorias son y serán amorfas y adaptables, son cambiantes según el observador y la época desde la cual se miren. La realidad no es estática, la memoria se solidifica como un cuadro de museo que hoy podemos contemplar sin la emoción del ayer que lo empañe. Mientras estamos viviendo algunas experiencias cercanas al presente, sus recuerdos son como acuarelas que todavía no se han secado, por lo tanto, aún existe la oportunidad de cambiar sus colores, es por eso por lo que son más abstractas y menos descriptivas, porque los sucesos son eternos, pero las emociones, las percepciones y los sentimientos cambian con el tiempo.

Demasiadas veces damos el pincel de nuestras vidas a un extraño para que describa y defina nuestra historia, sin saber que somos los que otorgamos ese poder al colocarla en las manos de los juicios ajenos, pero también resulta cierto que a veces la peor perspectiva es la propia. Cuando en nuestra familia preguntamos a un hermano qué recuerda del pasado, parecería que estábamos viviendo en sueños diferentes. Somos nosotros los que colocamos las puntuaciones y los acentos a nuestros recuerdos, las comas a los sucesos y los símbolos invisibles de admiración o pregunta a las ganancias y las pérdidas. A veces dejamos las páginas en blanco o colocamos un eterno paréntesis a las descripciones de hechos que, de otro modo, serían una simple historia neutral. Haré lo posible por ser objetiva, pero no puedo prometerlo. Una historia puede absolverte o destruirte, todo está en esa interpretación personal. Las memorias no pueden extirparse. Las emociones, a través de sus reflejos en el lago del pasado, son el navío que nos lleva por el viaje del ayer. El pasado siempre tiene aguas turbulentas, en realidad, apenas recordamos los momentos en que las aguas estaban en calma.

Si existe un mensaje que quiero comunicar al revelar algunas intimidades –y no me siento orgullosa de muchas de ellas– es el demostrar, primero, que no estás solo en tus contradicciones, segundo, que no somos perfectos y, tercero, que sólo Dios puede hacer de nuestras imperfecciones algo que pueda ayudar a más de uno. Si mis errores permiten que puedas aceptarte y ser menos duro contigo mismo, y al mismo tiempo logran que te mires con un poco de humor, habré logrado mi cometido. Dios no quiere seguidores perfectos, sino alumnos insistentes.

Ésta no es una historia convencional de conversión, sino un relato personal de descubrimiento. Mi voz es sólo una de muchas que tiene la suerte de poder contar sus vivencias. Es curioso escuchar las historias de los amigos que han vivido un camino similar al mío y de otros que han experimentado uno parecido, pero a la inversa. Otros, en contraste, me han contado que nunca se han apartado del mismo lugar en que hoy se encuentran. Al final, somos peregrinos.

Te invito a suspender la realidad por un momento y a imaginar que nos hemos encontrado en medio del camino, que nos hemos sentado a tomar un café, y luego simplemente nos hemos contado las vivencias del viaje.

Aunque experimenté varias religiones directamente y no sólo mediante libros, en estas líneas no encontrarás grandes definiciones, sino mi interpretación personal de ellas, lo que viví y cómo sus creencias influenciaron importantes partes de mi vida, tanto positiva como negativamente. Aquí no se hallará una tesis de religiones comparadas, más bien comparto un viaje de experiencias examinadas.

Éste es mi viaje espiritual, pero podría ser el reflejo de la búsqueda de muchos otros que crecieron insatisfechos con su fe por la falta de coherencia de las acciones de sus representantes o de las explicaciones recibidas, aquellos que se han lanzado en la búsqueda de nuevas respuestas para esas viejas preguntas que los mantienen despiertos en la noche, como: ¿qué es lo que deseo?, ¿qué es lo que me hace feliz?, ¿quién soy?, ¿por qué estoy aquí?, ¿qué hay después de la muerte?

Lejos de conformarse con lo que han escuchado de sus familias o amigos, ellos han escogido buscar por sus propios medios las respuestas, asistidos por un mundo interconectado que ya no vive aislado en la cultura y el lenguaje. Soy parte de los que se han embarcado sin disculpas, para hacer del mundo entero su Biblia personal. No soy la única rebelde que en algún momento ha roto los lazos con el mundo que se percibe como parte de las élites escogidas de Dios. Ni la primera que en algún punto pierde su camino y no puede encontrar consuelo en el éxito, el amor y las distracciones del mundo material.

www.instagram.com/sharonmkoenig/

INTRODUCCIÓN

El mundo de la religión ha sido sustituido por la espiritualidad, la ciencia y la evolución, la oración por el *mindfulness*, las misas por los *satsangs*, los sacerdotes por los gurús, los sermones por las charlas de motivación y la oración por el relajamiento mental. La Biblia ha sido sustituida por los *best sellers* escritos por los gurús modernos de la autoayuda o de la ciencia. Hemos cambiado el gimnasio por el yoga y el crecimiento espiritual por la palabra «bienestar» o ciencia de la mente. Hemos aprendido a cuestionar, a preguntar, y a conocer de otras culturas. Hoy en día, la religión no atañe sólo a este mundo sino al universo en su totalidad. Muy lejos quedaron los días de las misas tridentinas de los católicos romanos, las que por varios siglos continuaban en latín, sin que nadie pudiera comprenderlas. En la nueva espiritualidad, nadie entiende los mantras, pero igual prefieren repetir una palabra incomprendida a una que los llene de culpa; se alejan de un lenguaje religioso que no pocos encuentran que le falta sentido. Ahora somos libres para indagar, y la balanza se ha inclinado hacia el lado de las expediciones espirituales.

Puedo hablar porque soy el producto de una familia católica laxa y, desde un principio, mis prácticas espirituales fueron una fusión de creencias encontradas. Antes que la actriz Shirley MacLaine, mi familia ya había incursionado en el mundo del ocultismo. Antes de que el tarot, la canalización de espíritus y el yoga pasaran de lo oculto a lo normal, en mi familia ya éramos parte de esa amalgama de creencias esotéricas. Recuerdo que hace menos de dos décadas, los libros de ocultismo y de religiones orientales estaban limitados a un rincón oscuro de las librerías y eran reservados para los llamados «diferentes». Hoy muchos de esos mismos temas son considerados «crecimiento personal» y han llegado a ser tan populares y accesibles como el botón de búsqueda de Google. ¿Por qué escuchar un sermón cuando puedes leer acerca de la filosofía que se acomoda a tu estilo de vida actual (tan confusa como pueda ser) en cualquier tiempo y en cualquier lugar?

La felicidad es el cáliz sagrado de la humanidad, la meta de la vida, el problema es que la mayoría de nosotros busca de algo que es elusivo, que se escapa. ¿Cuánto tiempo podemos mantener una nube de sueños entre nuestras manos? Me pasé una vida tratando de enjaular los objetos de mi deseo para hacer permanente la sensación de aquellos pequeños momentos volátiles de victoria que parecían sobreponerse a mi vacío.

Nos aferramos fuertemente a cualquier cosa que nos brinde esa adrenalina inicial, sólo para desinflarnos al descubrir que la sensación se ha marchado nuevamente. La mayor parte de nuestras vidas sucede mientras nos consumimos en esta búsqueda neurótica para encontrar ese sentimiento de felicidad, y la otra parte se consume en aferrarnos para no perderlo. El camino hacia la dicha parece ser más uno de desaciertos que de certezas, cabalgamos a través de los altibajos de un camino que carece de estabilidad.

Conozco bien esta búsqueda ciega. Algunos sueños no nacen de los deseos del corazón, como diría un romántico, sino de las ansias de liberación de nuestras pesadillas, como afirmaba un realista. Yo quería dibujar un nuevo retrato de mi propia vida para reemplazar el que me habían entregado al nacer. Mi jornada no comenzó bien, al principio no era una búsqueda espiritual, sino una necesaria para sobreponerme a los retos de una infancia que estuvo marcada por el abuso físico y emocional. Equivocadamente pensaba que el éxito material podría borrar mi historia. Utilizaba la espiritualidad no como una relación con Dios, sino como un medio para que mi mundo material tuviera sentido, y fue entonces cuando comenzó la odisea por encontrar aquellos colores que pudieran adornar mi nueva vida con la alegría que buscaba. ¿Todo está predestinado? ¿Somos espíritu con materia? ¿O somos materia con espíritu? Religiones, doctrinas, prácticas y filosofías se convirtieron en los muchos colores de un nuevo cuadro para mi vida y el mundo entero, en mi lienzo. Visitaba nuevos maestros con la esperanza de encontrar el gran secreto.

Algunas personas tocan fondo al perder algo preciado, mientras que otras lo encuentran cuando, a pesar de hallar lo anhelado, se dan cuenta de que todavía permanecen en el vacío. Yo pertenezco a los últimas. ¿Qué hacer cuando no hay más que esperar de la vida? Mientras existe la esperanza de un «algo más», seguimos buscando lo que finalmente creemos que llenará el vacío, pero ¿qué sucede cuando una y otra vez conseguimos lo que pensábamos necesitar, sólo para descubrir que no tiene la sustancia necesaria para llenar un corazón de auténtica plenitud? Hay un largo trecho entre complacer momentáneamente a un corazón y llenarlo de una dicha duradera. Nosotros estamos aprendiendo a comprender lentamente que el placer y la felicidad no son lo mismo. El cambio de giro de la búsqueda del éxito material a la satisfacción espiritual sólo sucedió después de haber logrado muchas de las cosas soñadas. Antes pensaba que una vez en mis manos, ellas borrarían el vacío, sólo para descubrir que como un auto eléctrico enchufado al receptáculo equivocado, estaba tratando de obtener energía de una fuente sin carga.

Mi viaje incluyó muchos encuentros con gurús, monjes, líderes de movimientos, sacerdotes, escritores y autores de libros exitosos. También tuve la oportunidad de tener encuentros con variados profesores de la vida real. En mi país, conduje muchos eventos para los principales líderes teóricos del movimiento de la Nueva Era.

He tratado de aplicar numerosos métodos en la búsqueda de la felicidad, desde caminar sobre el fuego para controlar mi mente hasta saltar a las congeladas aguas para aprender a dominar mis reacciones. Poco sabía entonces que era precisamente el control lo que necesitaba soltar. Yo justamente necesitaba saber ¿cómo funciona todo esto en realidad?

Esta odisea era parecida a la de un personaje de un cuento de fantasía que se encontraba en una búsqueda personal, se trata de Dorothy, de *El Mago de Oz*, quien se había perdido y anhelaba desesperadamente regresar a su hogar, sólo que intentaba hacerlo por los medios equivocados y a través de las personas menos indicadas, aunque de cada una de ellas aprendió grandes lecciones, Dorothy seguía buscando el poder afuera cuando, literalmente, lo tenía bajo sus propios pies. A mí, como a ella, esto me sucedió varias veces.

Esta extraña mezcla de lecciones que me serví del banquete espiritual no pasó por mi vida sin dejar un rastro, sino que tuvo consecuencias en las elecciones que hice y también en los resultados, especialmente cuando la teología y la cosmología de muchas de esas lecciones chocaban entre sí. Estas creencias están compuestas de mitología, metáforas, historia, tradición, recuerdos personales, ciencia e intervención divina. A veces, al mezclarlas sólo conseguía una gran indigestión.

¿Quién soy yo?
¿Podemos creer en la salvación y en la reencarnación al mismo tiempo?
¿Qué sucede cuando pasamos nuestra vida asumiendo que es solamente un sueño?
¿Cómo actuamos y vivimos la vida, si creemos con firmeza que estamos solos en el mundo, que no hay transcendencia y que no existe un creador?
¿Qué pasa cuando creemos en un Dios, pero pensamos que es castigador?

Mi más grande lección fue que para poder retornar a mi hogar, primero necesitaba saber cuál era ese hogar. Antes de pedir instrucciones para ir a un destino, necesitaba saber dónde estaba parada, porque pudo suceder que ya estaba allí, pero debido a que no hice la pregunta correcta no tuve un buen marco de referencia para reconocerlo.

Luego de saber dónde estamos, por supuesto necesitamos saber dónde queda el lugar hacia donde vamos. Muy fácilmente podríamos confundirnos y pensar que nuestro hogar se encuentra en una tierra lejana, cuando la respuesta podría estar bajo nuestros pies, como le sucedió a Dorothy en *El Mago de Oz*, cuando se dio cuenta de que sus propios zapatos rojos podían llevarla de vuelta a casa; de una manera similar nuestro artefacto de regreso es rojo y se llama corazón. Las veces que me he equivocado de ruta, no me ha quedado otro remedio que dar marcha atrás avergonzada. Lo importante es tener la humildad de admitirlo y la valentía de aceptarlo. Descubrí que nunca es tarde para regresar. El viaje apenas acaba de comenzar.

Primera parte
ANTES DEL OM

ANTES DEL OM

La infancia espiritual se vive en esos momentos en que aún no cuestionamos la fe de nuestros padres o de nuestro entorno. El bebé está tan identificado con su ambiente que no sabe dónde termina su cuerpo y dónde comienza el de su madre. Se asume que todo está bien, nada que preguntar, nada que indagar, la vida es un eterno ahora donde realmente ni siquiera hacen falta las explicaciones, por lo que tampoco en ese momento es necesaria una religión que nos lo aclare. Nuestra relación con Dios no es pensada ni pesada, lo tenemos todo, tan sólo flotamos en el mar de la vida, entre sus brazos. Es muy curioso, pero en la infancia tampoco existe el tiempo. Recuerdo que en mi primera niñez, las noches se mezclaban con el día en un eterno ahora. Un buen día la sensación de eternidad desapareció bruscamente, cuando mi abuela me dijo algo terrible: «Hoy es tu primer día de clases». El tiempo se mide sólo cuando la experiencia es juzgada como muy buena o como muy mala. El resto del tiempo se vive sin el recuerdo consciente de lo ocurrido, pero sus relatos grabados continúan influenciando nuestras decisiones desde lo profundo de sus archivos.

No podemos elegir nuestro comienzo, como tampoco dónde caerá la lluvia que llega del cielo. Es por eso por lo que no podemos juzgar sin saber la historia de cada uno, porque nadie puede conocer la historia del otro cuando apenas puede reconocer la propia. Nacemos con libre albedrío, pero lo que elegimos hacer con nuestra libertad está condicionado o bendecido por unas cuantas condiciones predeterminadas, algunas de las cuales no siempre son convenientes; por ejemplo, en qué parte del mundo nos ha colocado la ruleta de la vida, qué genética tenemos, qué creencias y condiciones sociales se debaten en la época de nuestro nacimiento y con qué ventajas o desventajas hemos nacido. Todo esto sin contar qué tipo de personalidad predomina en nuestra forma de ser o cómo fue la dinámica familiar. Las ventajas recibidas en el nacimiento ayudan, pero no garantizan la felicidad; conozco modelos hermosas y ricas que son miserables y otras personas con problemas económicos o de apariencia física que son felices. Muchas de nuestras carencias pueden ser nuestras mejores aliadas al motivarnos a incrementar la eficiencia de lo deficiente. La vida tiene una manera integrada de compensar lo que nos falta y de facturar por lo que nos sobra. ¿Cómo seríamos si no tuviéramos imperfecciones, retos ni obstáculos, si supiéramos todas las consecuencias y desenlaces, si tuviéramos acceso directo a todo lo deseado? Existe una cualidad que es elegida, que no está condicionada por nada exterior y que tiene la capacidad de tornar cualquier posibilidad en realidad; esa cualidad sin límites que siempre puede ser invocada se llama fe, la cual es la habilidad de creer en lo que todavía no se ve. No hay duda de que cada una de las caídas de la que podemos levantarnos nos hace más fuertes en la fe.

La mayor parte de nuestras opiniones se remontan al pasado. Dicen que debido a nuestra inconsciencia, el presente es tan sólo un pasado reciclado. La adolescencia y la rebeldía son un intento de romper con lo establecido para encontrar la identidad propia lejos de esas condiciones impuestas por el destino, a fin de elegir mejores opciones a través del libre albedrío.

Si creemos en un orden, podemos ver que todas esas aparentes contrariedades son parte de la semilla de un árbol que con ayuda dará fruto, y digo con ayuda porque no importa quiénes seamos, todos nacemos para expresar la imagen de Dios en nosotros, y eso no podemos hacerlo solos. La semilla que no recibe agua y sol, morirá. La rebeldía es como la edad de «los terribles dos»; cuando caí en la cuenta de que había un mundo más allá del que podía tocar, me lancé a descubrirlo. Allí comenzaron mis retos, cuando descubrí que mis opiniones no eran necesariamente propias, sino que la mayoría de ellas fueron incubadas en mi mente sin mi consentimiento. Entonces, me propuse cambiarlas con el poder de esa palabra tan contundente que existe en el vocabulario del ser humano que es «no», o quizás sea basta.

Mientras maduramos también vamos descubriendo que, aunque no podemos elegir la llegada, siempre podemos elegir la salida. Si los científicos basan sus descubrimientos en la evidencia, entonces he vivido mis etapas espirituales como un experimento viviente de fe, el cual ha evolucionado y continuará creciendo mientras tenga vida, porque sólo dejamos de transformarnos físicamente al morir, y si la vida es eterna, jamás dejaremos de crecer.

La casa de las brujas

Llegamos a este mundo con una maleta de regalos y otra de retos. Tenemos libre albedrío, pero no podemos elegir dónde y cómo comenzamos ni tampoco con qué. A veces la vida luce tan injusta, algunos parecen llegar con sus bultos llenos y otros con las manos vacías, pero he podido ver que no se trata tanto de dónde comencemos ni con qué, sino de hacia dónde vamos y para qué. Mi vida no me dio la bienvenida con cucharas de plata, lacitos rosas y pasteles de chocolate. En verano del 1962, año en que nací gracias a una madre mentalmente desequilibrada, perdidamente enamorada de un hombre ausente, mi padre, en medio de una relación imposible e «ilegal»; el resultado fue una infancia de abusos.

Cuando niña no buscaba experiencias espirituales sobrenaturales, ellas eran parte habitual de mi entorno. La infancia espiritual es la que sucede mientras vas descubriendo el porqué de las cosas, que suceden por ósmosis más que por información. A veces me pregunto qué habría sido de mí si hubiera nacido en un hogar con creencias diferentes. La niñez es total aceptación, no se cuestiona lo aprendido, a pesar de que algunas de sus experiencias sean infortunadas.

El golpe de un duro comienzo en mi vida fue mitigado por la dulzura y la espiritualidad de mi abuela. Estoy convencida de que fui protegida por las bendiciones de sus oraciones, por su fe y devoción. A pesar de los obstáculos, pude lograr muchos de mis sueños. Atribuí esa habilidad especial para alcanzarlos a la *serendipia*, que se produce cuando tenemos un encuentro inesperado con algo afortunado mientras se está buscando algo distinto; en realidad, se trata sólo de una palabra sofisticada para describir la mano de la Providencia, conocida también como la suprema sabiduría de Dios que cuida de la creación y sus criaturas.

Algunas personas comienzan esta etapa de su espiritualidad en hogares donde el concepto de Dios es rígido y definido. El mío fue todo lo contrario, en mi casa pusimos de moda la palabra «pluralidad». El período de la infancia espiritual no es medido por la edad; existen personas que son niños en su mente espiritual, aunque hayan pasado los cuarenta años. En la infancia espiritual no se tiene un lenguaje literal desarrollado; en esa etapa se habla por medio de metáforas y cuentos de hadas. Cuando los padres necesitan asegurarse de que los hijos no se apartarán de las creencias de los adultos, el miedo usualmente se vuelve su aliado.

La espiritualidad fundamentalista está llena de estos miedos, la fe se consigue por medio de amenazas y castigos: «Si haces esto, Dios te castigará en un infierno eterno». Algunos conceptos de Dios en los adultos no son muy diferentes a los temibles monstruos de la infancia. Nos asustan con el terrible cuco imaginario que vive en los armarios, una fabricación de los adultos que los pobres niños han aceptado. La culpa y el castigo son los *cucos* de la infancia espiritual y a veces nos acompañan hasta la vejez.

En vez de ver dibujos animados como una niña normal de seis años, mi distracción predilecta era hablar con los espíritus, lo cual hacía a través de los «médiums» del pueblo, o personas que los canalizaban. Fajardo, donde nací, era un pueblo abrazado por el mar al este de Puerto Rico, un lugar muy colorido, a veces con personajes dignos de un circo y otras, de un hospital psiquiátrico. Mi casa parecía ser el lugar donde todos ellos convergían, atraídos por la fama del mejor café del pueblo, el cual mi abuela colaba todos los días a las tres de la tarde. Tan bella mi abuelita, con su pelo negro azabache y su mirada humilde y amable, llena de una tristeza permanente que resaltaba sobre su tez color aceituna, testigos de su herencia de las Canarias. Había dos filas de personas en mi casa, una para el café y otra para que mi abuelita les leyera las cartas de la baraja española. Me cuentan que el mejor astrólogo de Puerto Rico la visitaba, entre otras personalidades del mundo de la farándula.

En el momento del café, todos los «locos» del pueblo tenían su lugar de encuentro frente a mi casa. Entre ellos estaba mi favorito, un hombre mayor con facciones de taíno; indígena nativo de Puerto Rico, con la piel quemada y el pelo lacio peinado con brillantina que siempre vestía la misma camisa estilo guayabera y tenía un olor característico a sudor mezclado con botánica. Mi amigo, además de una tos intermitente, tenía una pequeña peculiaridad: en el momento menos esperado, comenzaba a brincar convulsivamente y sus ojos se quedaban en blanco, luego, sus manos comenzaban a moverse por encima de su cabeza como espantando moscas; en ese momento cerraba los ojos y su voz de hombre cambiaba a voz de mujer, dependiendo del día, como si fuera un papel diferente en una obra de teatro. Un día en particular a mi amigo taíno le «entró» mi entidad favorita, decía ser un pirata y aseguraba que había un tesoro escondido debajo de nuestra casa y que estaba atado con cadenas. El espíritu también decía tener sus huesos enterrados allí, y que cuidaba su tesoro. Uno de mis tíos vivía obsesionado por encontrar ese tesoro, había comprado uno de esos artefactos que pueden detectar metales a tres metros de profundidad y caminaba como un extraterrestre desquiciado, con sus enormes audífonos y la máquina que hacía un ruido estridente como el de una radio que no se puede sintonizar. Para completar la leyenda, mi tío decía haber escuchado las cadenas por la madrugada; de más está decir que vivía aterrada y no dormía por las noches saltando por cada sonido extraño que escuchaba. Dormía en posición fetal y con la espalda hacia la pared, lo hacía para prevenir ser atacada por el pirata, todavía duermo de la misma manera, pues las costumbres son difíciles de erradicar. Mi única defensa era una Virgen Milagrosa; mientras otros niños dormían con una muñeca o un lindo oso de peluche, yo dormía con una dura imagen de la Virgen que tenía un manto azul de yeso y sus brazos estaban eternamente extendidos, también le faltaba un ojo, pero para mí ella era la única protección en la casa de las brujas.

La Virgen Milagrosa figuró en mi vida desde mi nacimiento, quizás desde antes. Me contaba mi abuelita que el día del parto de mi mamá estuve a punto de morir, aparentemente nací con la placenta cubriendo mi cara. Ésa es la descripción más gráfica que guardo en mi memoria, aunque probablemente exista una más científica de lo que realmente sucedió esa noche. Cuando las horas pasaban y mis latidos se silenciaron, mi abuelita oraba y pedía la intercesión de esa misma Virgen para que salvara mi vida; de seguro escuchó sus ruegos, porque nací con la cara azul, no por ser el color del manto de la Virgen, sino por la falta de oxígeno.

Quizás la misma *Virgen de azul* me salvó de la muerte una vez más antes del parto, cuando mi papá le sugirió la idea a mi mamá de hacerse un aborto. Al menos alguien en el cielo estaba interesado en que yo naciera…

Unos tres años más tarde, la Virgen se convirtió en la señora de azul invisible que «hablaba conmigo» y me brindaba compañía mientras flotaba en el aire frente a la ventana del edificio de apartamentos en Nueva York, donde viví con mi mamá por corto tiempo antes de regresar a Puerto Rico para vivir con mi abuela a los cuatro años. Contaba mi madre que todos los días decía ver a la señora de azul mientras señalaba el cielo vacío, pero yo nada recuerdo de todo aquello.

Entre otras particularidades, a los doce años me decían que era la orgullosa heredera de una tercera generación de iniciadas; pertenecemos a una extraña hermandad secreta esotérica, primero mi abuela, luego mi mamá y algún día yo sería la próxima. No quería esperar, pero mi abuela guardaba celosamente sus lecciones, unos panfletos con extraños símbolos egipcios que en ese momento estaban terminantemente prohibidos para mí. Nadie sabía que a escondidas ya había leído suficiente material para darles una clase de ciencias ocultas a todos, hasta una fecha que no olvidaré, porque el gran día de la iniciación de mis lecciones a escondidas había llegado.

Necesitaba estar a solas, a oscuras frente a un espejo, luego con una vela encendida me tocaba llamar a mi guía espiritual, un espíritu; era el gran día de conocerlo. Tenía que mirar la vela fijamente y desenfocar la vista para poder ver el mundo de la cuarta dimensión. Me armé de valor y, aunque me temblaban las rodillas, ya estaba en trance cuando algo se cayó y vi una sombra, o quizás me la imaginé, y corrí tan rápido y tan lejos como pude; fue mi último intento de tratar con la sociedad oculta. Mi mamá, por su lado, continuaba con sus iniciaciones, ella misma me cuenta que se inició cuando estaba esperando mi nacimiento, eso puede explicar la mayoría de mis rarezas.

Mi hermano, hijo del primer matrimonio de mi mamá y que me llevaba nueve años, me decía cómo un día en una de las supuestas iniciaciones de mi mamá salieron luces de un gran espejo que había en su cuarto; por su parte, mi mamá contaba que su ejercicio era entrar con el alma dentro del espejo.

En esa época también mi hermano dibujaba los elefantes voladores de la portada del disco de Osibisa en las paredes del cuarto que estaban adornadas con pintura fosforescente.

Como mi realidad no era la que quería, yo misma buscaba inventar una nueva. Si no estaba hablando con los espíritus, estaba aprendiendo a ser vidente; cuando mi abuelita leía las cartas de la baraja española, aseguraba ver todo como una película dentro de una vasija de cristal llena de agua que colocaba en medio de la mesa. Ella no cobraba por sus servicios de vidente, sólo recibía donaciones, y colocaba una moneda de la persona en el centro de la mesa, según me decía para percibir su energía. Yo era como una bruja aprendiz que nunca levantó su vuelo en la escoba, porque entre otras cosas, jamás pude aprender cómo encender el televisor del futuro que se encontraba dentro de aquella vasija de agua. Mientras que mi abuela decía ver las imágenes dentro del agua y fuera de ella, mis antenas, por el contrario, nunca se desarrollaron. En una ocasión, nos visitaron unos conocidos espiritistas y fui testigo de una verdadera sesión en mesa redonda. Recuerdo a una de las señoras, que era gruesa y con voz ronca. En medio de su trance, me señaló diciendo que yo era víctima de un terrible ataque psíquico por parte de una hechicera del pueblo.

¿Cuál será la razón por la cual pienso que, a pesar de todo, he tenido buena suerte? Seguramente fueron los cientos de baños de miel y yerbabuena que mi abuela me echaba por la cabeza a la hora del baño, para contrarrestar los hechizos. Si antes no dudaba de que existían los espíritus, en la adolescencia tuve una fase en la que dejé de creer en todo lo sobrenatural. Un buen día llegó el amigo taíno, el señor que era médium, y mientras estaba en su trance le dije que todo aquello era un cuento, que era un mentiroso y muy buen actor. Quizás por esa razón, de adulta no he creído mucho en los conferenciantes o en los libros que dicen ser canalizados por espíritus que hablan desde el más allá a través de ellos, lo que hoy en día es bastante común.

Una de las más lindas memorias que tengo de mi abuela es cuando me sentaba a leer con ella una enorme Biblia ilustrada que tenía unas pinturas hermosas sobre las historias sagradas, como del Renacimiento. La imagen de Moisés abriendo el mar Rojo todavía está en mi subconsciente. Los Viernes Santos eran realmente santos, y en el pueblo nos quedábamos en nuestras casas mientras que la procesión pasaba justo frente a mi puerta, con un vía crucis escenificado con látigos y pintura roja, como la sangre. Ese día me quedaba con mi abuela mientras veíamos las películas de la vida de Jesús. Salir el Viernes Santo era atraer una maldición; mi abuela contaba cómo las peores catástrofes sucedían a aquellos que osaban violar el Viernes Santo yéndose a la playa. Las visiones de ahogados y accidentados eran suficiente motivación para quedarme en casa. Teníamos que esperar hasta el domingo y sólo podíamos comer el tradicional plato de «pescao y arepa».

Mi abuela no iba a la iglesia, tampoco salía de casa, sin embargo, tenía gran devoción y fe en Dios. A veces la tomaba de la mano y la llevaba casi empujada hacia afuera de la casa, pero tal como esos carros de compra que tienen un freno a cierta distancia de la tienda, así mi abuela frenaba y se quedaba inmóvil cuando llegaba a la esquina de la casa, a cierta distancia. No hace mucho pude descifrar que no salía porque en su mente tenía un límite, una barrera invisible que marcaba hasta dónde podía llegar, más tarde me di cuenta de que padecía de agorafobia, un trastorno de ansiedad que entre otros síntomas se presenta como un miedo irracional a salir de la casa. Al final de sus días, mi abuela se dedicó a leer la Biblia y rezar el rosario, haciéndolo interminablemente.

Los días de primaria en el colegio católico están entre mis más duras memorias. Era demasiado delgada, y cuando caminaba me visualizaba rodeada de una nube que emanaba un estado perpetuo de sentirme fuera de lugar. Mientras que percibía a las otras niñas como seguras, saludables y con cabellos peinados y perfectos, yo me sentía torpe, fea e inepta. No ayudaba el que mi mamá hiciera mis cortes de cabello, mi pollina siempre quedaba abultada a la mitad de mi frente. Yo era de las que no comprendían las instrucciones y siempre caminaba hacia el lado contrario, no por rebelde, sino por distraída. Todavía lo soy.

Lo que en ese tiempo interpreté como falta de inteligencia, hoy en día probablemente se hubiera explicado con un déficit de atención, que no había sido diagnosticado. A pesar de eso, tenía buenas calificaciones. Sentía que los otros niños hablaban muy alto, pero yo tenía miedo de hablar por temor a hacer el ridículo. Entre las niñas recuerdo a una en especial, era muy cruel, todas querían jugar con la niña más popular, y nosotras, las tontas, nos parábamos a su alrededor para escuchar su veredicto:

—Tú, tú, tú y tú a jugar conmigo.

Luego me moría mientras la miraba con desesperación y esperanza, entonces ella me miraba directamente, con furia y sin piedad, gritándome:

—¡Tú no!

En ese momento no lo sabía, pero eran los primeros vestigios de una autoestima inexistente provocada entre otras cosas por la falta de una columna vertebral de seguridad materna y paterna. A pesar de esos inconvenientes con algunos de mis compañeros, no viví las historias de horror comunes de los colegios católicos. Aquel al que asistía casualmente quedaba frente a mi casa. Sus monjas y sacerdotes nunca me pegaron con una regla en las rodillas o en los nudillos, todo lo contrario, luego de hacer la primera comunión, en la primaria me acostumbré a ir a misa con mis compañeros de clase, todos los viernes, vestida con el uniforme blanco.

Salvo un altercado con una monja sobre una pregunta existencial: ¿quién hizo a Dios?, nunca me regañaron, pero tampoco comprendí nada de mi fe, aparte de que no concordaban con el gnosticismo de mis lecciones ocultas de esa época. Naturalmente, encontraba a los maestros que se referían a ese tema muy aburridos y, mientras hablaban, a escondidas me dedicaba a dibujar trajes a mis compañeras, mis primeros vestigios de diseñadora de modas.

Lo peor que me sucedió en el colegio y que me dejó un eterno vacío fue perder a dos compañeros de forma trágica, un hecho que fue conocido como el famoso caso de los hermanos Colonna. John y Giannina fueron secuestrados y hasta el día de hoy continúan desaparecidos. John se sentaba detrás de mí en el salón de clases. La triste imagen de su pupitre vacío ha sido una foto mental difícil de borrar.

No tuve mi propio cuarto hasta la adolescencia, dormía en una cama que fue una cuna grande alguna vez y estaba en la misma habitación de mi abuela. Amaba tanto a mi abuela, que a menudo mi única preocupación era la posibilidad de que algo le pasara; era un miedo profundo de que muriera, sentía que era la única persona que tenía en el mundo.

El pueblo era un lugar donde todos vivíamos juntos, no existía división de clases y mis amigos eran de todas las esferas, incluyendo a los de la barriada y el residencial público hasta los doctores, empresarios y vecinos con apellidos notables. Nosotros vivíamos en la calle de los apellidos notables, pero no por tener dinero, sino por tener una casa que fue herencia de una bisabuela negociante. A pesar de no tener dinero, a mi abuela no le faltaba cultura, soñaba con las zarzuelas y con España, y recuerdo que me inculcaba cada vez que podía una lección de etiqueta, modales y modestia. Mientras ella trataba de corregir mi dicción, yo me proponía hablar como las chicas del barrio que acababan de llegar de Nueva York.

Por otro lado, mi mamá se había criado sola en Nueva York desde los quince años, pues formó parte del éxodo de puertorriqueños que viajaron a esa ciudad buscando mejores oportunidades en los años cincuenta. Ella soñaba con diseñar moda, pero al llegar a la gran ciudad, las máquinas de coser en la línea de producción fueron su única realidad. Lo más cercano que estuvo de su sueño fue trabajar como modelo de patrones en una casa de modas poco conocida. Mi hermano y yo heredamos el sueño y el talento de la moda. Fueron días duros en Nueva York viviendo en el Bronx, pero para su buen crédito mi mamá terminó la universidad y luego se convirtió en maestra bilingüe de la escuela superior del pueblo, donde todos la querían debido a su compasión por los jóvenes, lo que curiosamente muy pocas veces practicó en su propia casa. No obstante, con ella aprendí a mostrar compasión hacia los menos afortunados; a menudo llevábamos juguetes y comida a los barrios más pobres. También tenía fama de recoger, alimentar y ayudar a los locos del pueblo.

Hubo dos momentos en que mi abuelita oró intensamente agotando todo pedido al cielo, especialmente mientras mi tío estaba en la guerra de Vietnam, y luego en mis años de adolescencia, cuando la rebeldía me llevó a estar en otro tipo de guerra, la de los malos caminos. Mientras mi abuela era toda prudencia, yo era todo lo contrario. Todas las noches mientras ella veía la televisión, me vestía con altas plataformas de largos cordones que pacientemente ataba, cruzados a mis tobillos… no muy diferentes a las que ahora utiliza mi hija adolescente. Me maquillaba al son de la música de ABBA para que mis catorce años lucieran como dieciocho; siempre tuve esa gran prisa por crecer y hoy quisiera retroceder. No llegaba a mi casa hasta pasar la madrugada. Lo único que quitaba mi tristeza y mi timidez era bailar hasta el amanecer. En ese tiempo era como una niña en la etapa difícil de la infancia, donde todo era prohibido, pero a la vez todo era deseado; ahora quería experimentar el mundo de las sensaciones y probarlo todo por medio de mis sentidos. Mi abuela sólo oraba, y realmente sus oraciones dieron fruto, ya que en ese tiempo en más de una ocasión debió salvar mi vida, porque muchos de mis amigos del pueblo murieron en situaciones trágicas, como víctimas de drogas, asesinatos y accidentes. No eran chicos malos y yo sólo era una seguidora de ellos, pero el ocio de un gran grupo de jóvenes de pueblo, solos, sin supervisión, nos llevó a tomar muy malas decisiones, algunas de las cuales, para algunos, tuvieron consecuencias terribles. Una noche estuve a punto de morir cuando un hombre mayor que era conocido de la familia me engañó y me amenazó con un arma. Negocié mi dignidad a cambio de la vida. Y eso es todo lo que voy a decir sobre ese asunto.

Al final yo tuve mejor suerte que muchos de mis amigos, seguramente por las oraciones a la Virgen. No sé cuándo me perdí en el camino, pues en el colegio mis calificaciones no eran las peores, hasta un día que me encontré con una amiga que estaba tan sola como yo y nos hicimos compañía buscando en los chicos el amor que nuestros padres no podían darnos. No caí en adicciones porque nunca encontré real placer en ellas: la marihuana sólo me daba sueño y el alcohol me producía dolor de cabeza. Mientras que mis amigas se enviciaron con los cigarrillos, a mí sólo me causaban unas horribles náuseas.

Como si fuera un turno adicional como sargento, mi abuelo me esperaba cada noche desvelado y sin una palabra de reproche. Nunca me pidió explicaciones cuando llegaba en la madrugada, sólo me miraba a los ojos con su cara estoica y, acto seguido, regresaba a su cuarto. Dormía encerrado con sus armas oficiales en su habitación, a la que nadie jamás entró, hasta un día en que las puertas que se abrían todos los días a la misma hora de la madrugada sin fallar, no se abrieron. Ese día a las diez de la mañana me encontré a mi abuela de pie frente a su puerta, que seguía bajo llave pasada la hora de su salida diaria.

—Tu abuelo murió –me dijo sin ninguna emoción.

No hubo llantos, abuela no era expresiva, pero sus ojos tristes lo decían todo. A mi abuela, desafortunadamente, sólo la vi llorar por mí.

Mi primer encuentro con el poder de la mente, ese que dice que puedes atraer lo que quieres, fue probado por mi abuela. Cuenta ella misma que, mientras se recuperaba de un ataque de apendicitis, miraba desde la ventana del hospital en Fajardo una casa grande y colonial que se hallaba al lado. Tenía flores por doquier y mi abuela soñaba despierta, imaginando que vivía en aquella casa que para nosotros era inalcanzable. Un día mi abuela jugó a la lotería y para sorpresa de todos ganó el premio mayor. Lo primero que hizo fue comprar su casa soñada, en la que también yo me crié. Mi abuela era una mujer adelantada a su tiempo y seguramente sin saberlo utilizó su propia versión de la ley de atracción para conseguir su casa, pero el destino le hizo una mala jugada, porque nunca vivió en ella. Mi hermano y yo al final vivimos en la casa junto a mi mamá y su último esposo, pero fue un lugar que bajo su tutela pasó de casa soñada a casa infernal. La ventaja más grande era que tenía aire acondicionado. En los años setenta, en mi pueblo eso era un verdadero lujo y un gran adelanto en comparación con los abanicos de mano. Uno de los recuerdos más lindos que tengo de la antigua casa de madera donde vivía con mi abuela a siete cuadras de allí, era el de ella, refrescándome con un abanico español de mano. Por horas me abanicaba sin descanso, mientras yo dormía.

La casa soñada era el último intento de mi mamá para tener una vida normal, luego de haberse casado con un oficial de la marina de la Base Naval de Estados Unidos. Vivir tanto con ellos (con los norteamericanos) explica por qué hay una parte de mí que es marcadamente gringa, no puedo evitarlo, ya que durante años comí, hablé y viví como una de ellos. La casa de tipo español, además de rosas plantadas a los lados, tenía un gran árbol con flores de campana. La flor era famosa debido a su té, cuyos efectos alucinógenos eran responsables de los permanentes síntomas en la mayoría de los locos del pueblo, quizás algunos de los mismos que tomaban café a unas siete cuadras de allí, en la casa de mi abuela.

Mi mamá pasó la mayor parte de mi niñez viviendo en Nueva York, pero en ese momento y durante mi adolescencia, regresó en un intento de tener una familia normal, pero ambos, su esposo y ella, eran alcohólicos. No puede haber una familia normal ahogada por el alcohol. Me acostumbré a la música de fondo: gritos de parte a parte con los insultos más gráficos en inglés que se escuchaban mezclados entre las melodías de Barbra Streisand y Cheo Feliciano. No había forma de evitar un chapuzón de odio, algo «no andaba bien con mi mamá», su humor cambiaba sin avisar: un día era una madre ejemplar, y al siguiente, una desquiciada que me acusaba mientras me golpeaba de algún hecho que yo no había cometido (más tarde sería diagnosticada con más de una enfermedad mental).

Un día que no olvidaré, me acusó de robarle una sortija de esmeralda que más tarde apareció en una de sus «convulsas» gavetas. No era extraño que, de madrugada, a mi hermano y a mí nos echara de la casa a causa de su humor. Constantemente me amenazaba con internarme en un centro de detención juvenil; yo vivía aterrada con esa idea. Decía que me lo merecía, que era una «bastarda» porque no tenía padre. Era el peor insulto que podía recibir. En la casa no había comida, no por falta de dinero, sino por irresponsabilidad, porque nunca faltaba el vodka; quizás ésa era la razón de mi extrema delgadez. Me gustaba quedarme durante días con mi amiga Ivette, quien tenía una familia normal y estable, y en cuya casa siempre se servía comida caliente y nunca había trastes sucios en el fregadero.

«¿Por qué tienes ese apellido tan extraño?», me decían mis amigos con apellidos como García, Rivera y González, mientras el mío era Koenig. La peor de las preguntas de mis compañeras de la escuela, además de cómo se pronuncia y cómo se escribía mi apellido, era la temible: «¿Quién es tu papá? Nunca lo hemos visto». En realidad, yo tampoco lo había visto.

Un día mientras rebuscaba entre los álbumes de fotos de mi abuela, me encontré con unas cartas arrugadas y amarillentas a causa del tiempo. Eran las que mi papá dirigía a mi abuela, y para mi sorpresa hablaban de mí. Por ellas tuve dos referencias de su persona: la primera, que era él el responsable de mi apellido alemán y la segunda, que escribía con perfecta ortografía; su letra era especial, como la de un arquitecto.

Escribía muy articulado, con una hermosa caligrafía y, el dato curioso a resaltar era que a todas las «S» mayúsculas les colocaba una extraña raya por el centro; como el símbolo del dólar, pero con una sola raya. Lo sé porque cada vez que escribía mi nombre lo hacía de esta manera. Me decían que era un ejecutivo de televisión, que vivía en Long Island y que adoraba los caballos.

En inglés, en esas cartas decía que yo era hermosa; me había visitado por primera y última vez en Puerto Rico cuando era apenas una bebé de un año. Decía que seguro que de mayor ganaría algún concurso de belleza, lo cual nunca ocurrió. Al lado de las cartas había una foto de mi mamá y mi papá muy acurrucados frente a un árbol de Navidad, sintiéndose muy felices en Nueva York. Mi mamá era una pelirroja natural con las cejas de Elizabeth Taylor, media menos de metro y medio y tenía la figura de Marilyn Monroe, que yo no heredé. Lo que sí heredé fue la delgadez, la palidez y la mala postura de mi padre, lo que en mi caso no fue una postura aprendida, sino un fallido intento de mi cuerpo de proteger un corazón que ya estaba roto. En una carta él decía que no podía estar conmigo, pero que velaría por mí en la distancia. Aquello fue lo más cercano que tuve a la ilusión de su amor; durante años lo esperé, muy a menudo teniendo la sensación de que estaba escondido entre las personas del pueblo. Cuando mi tío, quien fue como un padre para mí, me paseaba los domingos por la plaza, yo miraba a mi alrededor y sentía que sigilosamente mi papá me cuidaba desde un lugar secreto, tal como decía en sus cartas. Hasta no hace mucho, todavía miraba entre las personas buscando alguna con su parecido, a muchos les preguntaba internamente: ¿Eres tú mi papá?

Mi mamá lo había conocido en Nueva York en una campaña política antes de regresar embarazada a Puerto Rico. El idilio entre ellos terminó con una guerra en la que él, acompañado de su esposa, negó su paternidad. Por mucho que fuera un hombre casado, la sangre no miente y, aunque en esos tiempos no había la tecnología actual, la gota de su sangre junto a la mía fue suficiente para probar su paternidad, luego, con el pasar del tiempo, nuestro parecido lo confirmó.

Él quedará en la historia como un hombre que no tuvo el coraje de pelear por mí, por desgracia, tampoco sería el único.

No hay mal que cien años dure, dice el adagio. Más de una vez mi madre lanzó un proyectil dirigido a su nuevo esposo, a mi hermano, a mi abuela o a mí; un vaso, una manzana o un pote de Vicks VapoRub (un ungüento que se usa precisamente para calmar el dolor): eran sus armas preferidas. Todavía tengo la cicatriz en una pierna provocada por un vaso de cristal que lanzó de un lado a otro de la sala. En esa ocasión, fui una inocente víctima de ese accidente, pues no iba dirigido a mí. El piso de cerámica italiana resbalaba a causa del agua, yo venía corriendo, jugando con Karla (mi perra dóberman), cuando resbalé y me hice una herida en la espinilla al chocar con una mesa de cristal.

Mi hermano tuvo peores cicatrices. Hace algunos años me contó que antes de mi accidente, la droga y los espíritus del mal que nos acechaban en la casa de las brujas lo llevaron a idear un plan para quitarse la vida. Me explicó que un día tenía la soga lista para colocársela al cuello, cuando el sonido del portón de la entrada a mi casa lo frenó. En ese momento, por providencia, yo llegaba de la escuela a una hora inesperada. Al mismo tiempo que mi hermano planeaba quitarse la vida, yo me puse enferma en el colegio con un inexplicable y fuerte dolor de estómago que le salvó la vida. Mi hermano, años más tarde, me contaría que una vez más trataría de quitarse la vida mientras vivía en Las Vegas. Una oración a Dios pidiendo que le revelara su rostro lo salvó. Años después encontró la paz al experimentar una conversión cristiana en una campaña evangélica de Billy Graham. Una paradoja, pues mi hermano tiene un papá judío que por cosas del destino fue criado por una tía católica; es cristiano, pero su apellido y sus rasgos revelan su procedencia. Durante muchos años, fuimos diametralmente opuestos en cuanto a la religión, gracias a Dios en este momento de nuestras vidas podemos comunicarnos sin comenzar una acalorada discusión teológica.

Finalmente, el matrimonio de mi mamá terminó en otro «accidente», cortándose los dedos de la mano en un intento fracasado de matarse uno al otro. La decisión de la salida de mi casa fue una cuestión de vida o muerte que explica por qué a los quince años le presenté un certificado de matrimonio para que lo firmara: escaparme con mi novio de ese infierno era la única salida hacia la libertad y la salud. Constantemente me amenazaba con llevarme a una residencia auspiciada por el gobierno. Mi puerta de escape fue hacia otra tragedia o a lo que pudo haber sido una peor. Quedé embarazada de mi novio, pero como el aborto no era legal en Puerto Rico, la solución fue viajar hacia las Islas Vírgenes, un nombre que ahora me parece teñido de humor negro. A la vuelta, no pasaron muchas horas antes de que me diera cuenta de que algo andaba muy mal y sentía que me desmayaba. No quería ir al hospital, pues tenía más temor a ser descubierta que a morir. Quizás la Virgen una vez más interviniera a pesar de mi desobediencia, porque al llegar de urgencias al hospital municipal, un médico me dijo que por muy poco no había muerto desangrada; mi hemoglobina bajó peligrosamente y estaba a punto de recibir una transfusión de sangre que, por fortuna, pudo evitarse.

En ese momento, yo no tenía la madurez ni la conciencia necesarias para aceptar que aquélla fue una experiencia desgarradora. A pesar de no ser lo que me inculcaron en mi hogar, en ese preciso momento no sentí remordimientos, pero esto no significa que esa experiencia no haya tenido un efecto profundo en mi ser, lo que más tarde se expresó por un miedo irracional a que algo terrible pudiera sucederme, y es que la culpa teme al castigo.

«Perdónate por no saber, lo que no sabías, antes de haberlo aprendido», decía Maya Angelou. Entonces, no había más remedio que casarse luego de lo ocurrido, mi mamá igualmente no tenía mucho interés en que siguiera en su casa y aquélla era una oportunidad perfecta para escaparme por siempre de ese infierno que era mi hogar. Tomé mi documento de matrimonio y se lo llevé a mi mamá. Sólo tenía quince años. Lo más inverosímil es que ella en su locura no vaciló en firmarlo. No había comenzado mi primer año de escuela superior, pero ya era una adulta. Cuando hoy veo a mi propia hija de quince años, y soy consciente de su inocencia y poca madurez, me pregunto cómo pude tener el valor de irme de casa. A pesar de ello, tenía un plan trazado y un gran sueño: alejarme de ese pueblo y de mi triste niñez. No hubo un adulto, maestro o padre en aquel pueblo que no pensara que yo corría un gran riesgo de perderme por siempre. Jamás regresé.

Antes de partir hacia San Juan, la gran ciudad, mi abuela me dijo:

—Quiero leerte las cartas.

—Claro, abuela.

Mientras miraba fijamente su vasija llena de agua, recuerdo que me dijo:

—Veo que vas a tener todo lo necesario. En realidad, tendrás más de lo que puedes imaginar. Vivirás en una casa blanca con dos columnas, es una casa muy grande, tiene un sendero circular al frente y veo un auto deportivo estacionado allí. También conocerás a tu papá algún día.

Al partir de la casa de mi abuela, ella quedó asolada, pero yo sólo pensaba en sobrevivir. Si hoy pudiera borrar cada lágrima que derramó por mí, lo haría. La vida en ese momento sólo era una sucesión de acontecimientos que sucedían sin un plan aparente. Tenía una visión, pero no recuerdo tener la capacidad de preguntar, planificar, discernir o reflexionar acerca de mis elecciones; no culpaba, no manipulaba, tan sólo buscaba una salida a las situaciones desagradables. Esta forma de vivir en la adolescencia se llama supervivencia, no se elige porque sólo se consigue reaccionar ante lo ocurrido. Cometía los errores casi en modo automático, pero, igualmente, muy pronto me levantaba. Era el perfecto entrenamiento para desarrollar la capacidad de resiliencia y la adaptabilidad que algún día me ayudarían a enfrentar los retos del futuro. Mi ventaja era que tenía una habilidad innata de soñar y luego de no dudar de que todo era posible. Poseía un gran empuje, quizás tenía una motivación subliminal: quería probarle a aquel padre que nunca conocí que yo lograría salir hacia delante por mí misma.

El sueño de haber llegado a una gran ciudad se desplomó rápidamente cuando tuve mi primer trabajo; con sólo quince años no tenía muchas alternativas. Era en una cafetería de comida china en el peor lugar, donde repetidamente los hombres me faltaban al respeto. No sabía cómo limpiar, ni siquiera cómo sujetar una escoba. Mientras mis compañeros de escuela seguían protegidos en sus hogares y el colegio, yo tan sólo recuerdo el nauseabundo basurero con olor a soya fermentada y los gritos del desquiciado cocinero, sudando copiosamente por el calor que desprendían las grandes sartenes.

Tampoco me ayudaba ver cómo la compañera de trabajo que me odiaba sin ningún motivo, me ponía «sus ojos en blanco»; quizás porque podía ver que detrás de aquel delantal había una niña consentida. No tenía nada, sólo mis sueños. Para mi pobre esposo Ricardo fue peor: llegaba cubierto de polvo blanco y sudor, con las manos destrozadas por la construcción. Aun así, todavía le quedaba energía para asistir a sus clases de finanzas en la universidad.

Un sueño es como una semilla seca que necesita brotar, la cual nacerá siempre que aparezca un jardinero que la riegue cuando más lo necesite. Mi sueño en ese momento era tener un trabajo en una codiciada tienda de ropa, veía la exclusiva boutique de modas de la ciudad, mucho más grande de lo normal. En mi niñez no me veía como una escritora, sino claramente diseñadora; dibujar diseños de modas para mis compañeras y llevar mis creaciones al modisto dominicano del pueblo eran mi regalo. Sin embargo, más tarde, en la universidad, tuve un vestigio sobre mis otros dones cuando tomé una clase de psicología, que pasé con una calificación perfecta. No obstante, la semilla de mi interés por la autoayuda tardó mucho tiempo en brotar. El libro recomendado en la clase de psicología 101 era *Tus zonas erróneas* del doctor Wayne Dyer, el cual sería una primicia de lo que estaba por venir en mi vida.

No tenía dinero, pero siempre tuve un ojo especial para la moda, y con dos piezas bien combinadas que compré en las rebajas, acudí a la entrevista con la dueña de la tienda de modas. Virginia era una mujer sofisticada, judía, nunca había conocido a nadie como ella. Por suerte, yo también hablaba inglés y quedó impresionada con la manera en que combiné mis dos piezas de ropa de segunda mano para la entrevista. La moda de los colores brillantes apenas comenzaba, probablemente sintió lástima de una niña que a los quince años –cuando debería estar con sus padres– ya estaba viviendo una vida de adulta.

Trabajar en el Bazar era un sueño, el olor a ropa nueva resultaba maravilloso. Muy pronto me convertí en la niña protegida de mi jefa, e igualmente yo me derretía de admiración por esa señora que vestía con ropa de última moda y que constantemente viajaba a ciudades como París y Nueva York. Lo más bonito de Virginia era que, a pesar de toda su grandeza ante mis ojos, sentía mucha compasión por los demás. Fue ella quien un día me dijo unas palabras que nunca olvidaré:

—Sharon, tienes una estrella. Lograrás grandes cosas, nunca lo olvides.

Lo mejor de todo es que me lo creí. «¡Tengo una estrella!», me decía a menudo, y me tomé esas palabras tan en serio que se convirtieron en mi salvavidas, porque hasta el día de hoy las llevo grabadas en mi corazón. Esas palabras dichas a una niña con una autoestima destruida por las circunstancias vividas eran como echar agua a una planta a punto de morir de sequedad. La fe se tiene, se recibe de Dios, se adquiere o se regala; Virginia me regaló un poco de su fe.

La buena suerte me duró poco, quizás en ese momento no sabía el diagnóstico, pero un día mi frágil cuerpo ya no pudo soportar todos los cambios provocados internamente: un roce de la muerte a causa del aborto, abandonar mi casa, irme a una ciudad sin familia y tener sobre mis hombros una responsabilidad de adulta, que aún no sabía llevar. Una noche sin ningún motivo aparente comencé a gritar y llorar sin parar. Caí en una depresión o quizás fue un ataque de pánico o una crisis de nervios. Eran todas esas cosas a la vez, pero no podía controlarme. Esa madrugada mi esposo me llevó al hospital gritando y dando patadas como una niña de dos años en un berrinche. No recordé nada hasta despertar tres días después, pues me habían inyectado un fuerte calmante.

Cuando llamé a mi trabajo tan querido, lo había perdido. Mi protectora estaba de viaje y no pudo impedir que la empleada despidiera a la niña consentida por la dueña.

Unas semanas más tarde mi hermano me llamó para decirme que me había conseguido un trabajo en un prestigioso hotel de San Juan. Había cumplido dieciséis años, y recuerdo que me puse tanto maquillaje como pude para que pareciera que tenía dieciocho: ¡funcionó!

Era la época en que las computadoras se manejaban por códigos y se mantenían conectadas a una enorme central de información en un cuarto congelado al que llamábamos Siberia. Regresé a mi casa con el enorme libro de códigos que parecía una guía telefónica de todo el país y memoricé cada uno de ellos. Me volví una experta y comencé a ganarme un verdadero sueldo de adulta.

Mi joven esposo ya trabajaba en un banco, pero luego de seis años nuestro matrimonio se desvaneció; ya no tenía quince años, habíamos crecido, no éramos niños, y el amor juvenil no sobrevivió a nuestra madurez. Sentí que el divorcio me dejaba huérfana, necesitaba un cambio, así que fui a una entrevista en Dallas para trabajar como aeromoza, que era mi sueño de consolación. En la vida tenemos un gran sueño, el que más anhelamos, pero al mismo tiempo a menudo es el que descartamos por considerarlo imposible. El otro sueño, en cambio, es nuestro premio de consolación, con el que al final nos conformamos.

En la entrevista para trabajar como aeromoza pasé todas las pruebas, estaba feliz, pero al final perdí la oportunidad. No podía creerlo. ¿Mala suerte? A veces se producen situaciones que no comprendemos hasta no verlas a través del lente del tiempo.

Cada atraso tiene escondido un gran salto. En realidad, la enorme desilusión del trabajo y de un nuevo amor «imposible» con un hombre mayor que yo fueron el impulso que necesité para atreverme a dar el salto hacia mi verdadero sueño inalcanzable, ese que imaginaba imposible. Así fue como un día decidí ir tras mis verdaderos deseos y partí hacia la ciudad de Nueva York. Es curioso cómo una puerta cerrada puede cambiarlo todo, si hubiera obtenido el sueño de trabajar como aeromoza, mi vida habría tomado un giro muy diferente. El destino tenía otros planes para mí.

Serendipia

Siempre quise ser diseñadora de moda. Desde niña con lo que más disfrutaba en la escuela era dibujar vestidos a mis compañeras, a escondidas, en la clase de religión. Jamás regresé al trabajo anterior, mis compañeros de trabajo en el hotel se quedaron incrédulos, mientras yo me fui a la aventura. A veces las acciones sin sentido son las que nos llevan a nuestro verdadero destino.

Todos me decían que deliraba, que cómo iba a dejar un trabajo estable, bien remunerado, con todo tipo de privilegios, y seguro médico incluido. Ni siquiera sabía coser un botón. No tenía lógica. En Nueva York no tenía trabajo, pero de todos modos me lancé y me fui en mis vacaciones.

Esa elección enloquecida cambió mi vida para siempre. En ese momento tenía la bendición y la maldición de no pensar bien las cosas, el cerebro de un adolescente no puede anticipar las consecuencias. Yo tan sólo seguía al motor interno para hacer algo de mí misma, tal vez porque pensaba que allí dentro no quedaba nada, así que al final no tenía nada que perder.

Nueva York no fue fácil, por un tiempo compartí la residencia de universidad con una pareja gay. Ambos muchachos estudiaban en mi soñado colegio de modas. A veces peleaban. Recuerdo una ocasión en que me echaron del departamento porque necesitaban hablar. Creo que ellos repetían el patrón de mi mamá al echarme a la calle cuando le molestaba.

La década de 1980 fue muy peligrosa en la ciudad de Nueva York, así que se necesitaba aprender a caminar rápidamente y con seguridad. Me tomó un tiempo dominar la forma de caminar rápido como una verdadera neoyorquina, con las manos en los bolsillos, el ceño fruncido, cara de pocos amigos y la habilidad de darse la vuelta y gritar una mala palabra a quien se le ocurriera seguirme durante más de diez segundos. La gente era muy brusca, a menudo me empujaban mientras estaba distraída tratando de descifrar si caminaba hacia el *East* o hacia el *West*. El primer día de mi llegada me estrené en una gran fila de personas que esperaban para pedir comida griega. Cuando llegó mi turno, tardé más de la cuenta en decidir, ya que el límite de tiempo era un segundo. Eso fue suficiente para recibir un grito de un hombre velludo: «¡Váyase a lo último de la fila si no sabe lo que quiere!». Lloraba todos los días.

El secreto de la vida es «presentarse a la cita», dijo alguna vez un prestigioso director de cine. Con la *estrella* de Virginia me fui hasta un gran hotel en la ciudad de Nueva York y me «presenté» a buscar trabajo. Había veinte personas a quienes estaban entrevistando para el puesto vacante en la recepción. En ese momento, el entrevistador preguntó si alguno de nosotros conocía el sistema del computador hotelero que tenía enfrente, e insegura levanté la mano; para mi sorpresa y para desgracia de los demás, era el mismo que había aprendido en mi antiguo trabajo. Gané la posición sin esfuerzo aparente, había valido la pena aprenderse las mil páginas de códigos de computadoras de aquella «guía telefónica» años antes.

La serendipia me acompañaba, esa habilidad que posee una persona para encontrar constantemente cosas por azar, aunque en ese momento no tengan relación con lo que se piensa que se busca. Ésa era mi estrella.

Fue en Nueva York donde por primera vez me di cuenta de que existían otras religiones además de la mía. Era inevitable vivir en la gran manzana y no darse cuenta de que la mitad del mundo de la moda era prácticamente judío, mientras que la otra mitad era de la India. Los griegos eran cristianos ortodoxos, los taxistas con turbantes eran *sikhs* y los otros, musulmanes. Mi amiga de ojos verdes y piel morena era una egipcia musulmana. En fin, mi mundo creció y pasó en menos de un instante de ser cristiano heterogéneo para convertirse en un universo diverso.

Pero mi religión era la moda. Para volverme neoyorquina adapté un estilo *punk* refinado por medio de un corte de cabello asimétrico. En esa época, por pocos dólares podías obtenerlo en el legendario salón Astor Place Hair en el Village. El cabello lucía corto a un lado con un ojo cubierto al otro. En las discotecas por las noches imitaba a Madonna y bailaba las canciones de George Michael con desconocidos, mientras mi mente se iba al encuentro de Guillermo, el amor que había dejado en Puerto Rico.

La mejor venganza hacia un amor no correspondido es hacer algo por ti misma. Estudiaba en el mejor colegio de modas por la mañana y trabajaba como auditora en el hotel en un turno de madrugada; me dormía tanto en las clases como en el trabajo. Eso puede explicar por qué no terminé la universidad.

El hotel, en la séptima avenida, contaba con más de mil habitaciones, y el lujoso vestíbulo tenía un pianista que era mi amigo. Una noche en medio de una tormenta de nieve y con la canción «As Time Comes By» de fondo como de costumbre, de pronto percibí la figura de una mujer que se acercaba con un enorme abrigo de pieles. Miré dos veces.

¡Era Virginia!

—*Darling*, pero ¿qué haces trabajando en este hotel? –me preguntó.

—Estoy estudiando en FIT, siguiendo mi sueño –respondí.

—Qué maravilla, pero entonces necesitas trabajar en el mundo de la moda. Éste no es tu lugar –añadió Virginia.

Esa semana, una vez más, busqué entre mis pocas piezas de ropa algo que pudiera impresionar en una de las mejores oficinas de compras de Nueva York. Acababa de diseñar una línea para mi clase sobre la película *Out of Africa*, así que me corté el cabello nuevamente, esta vez a lo clásico, me quité el *punk*, y gracias a una chaqueta safari, una falda larga con botones y unos zapatos blancos Oxford, conseguí un puesto de asistente de compradora.

Aunque resultaba un buen trabajo, el sueldo era la mitad de lo que ganaba como auditora en el hotel. No fue una elección difícil, lo importante no era el dinero, sino mis sueños. A veces la vida te exige algunos sacrificios, bajar un escalón para luego dar un salto. ¿Quién hizo mis citas? ¿Quién me colocó en el lugar exacto y a la hora precisa?

El glamur duró muy poco, me tocó ser la asistente de un «demonio» de la moda. Como en la película *The Devil Wears Prada*, ésta se podía haber llamado «El demonio viste de Gucci». La compradora no tenía muchos escrúpulos, y mi trabajo era cargar su bolso, llevar bastidores llenos de ropa por toda la séptima avenida y servirle el café, pero así y todo estaba feliz, porque me hallaba cerca de conseguir mi sueño.

Los judíos en mi vida, por alguna extraña razón, me han rescatado más de una vez. Aparecen como faroles para mostrarme el camino. Unos años más tarde, de regreso a mi país y ya como toda una compradora, mi nuevo jefe judío, que aseguraba que mi apellido podía tener procedencia judía, se convirtió en un nuevo protector con quien ahora contaba. Un día me sorprendió con lo que me dijo:

—Sharon, necesito que me ayudes a escoger entre dos compradoras de Nueva York para que nos ayuden a recorrer el mercado.

¡Para mi sorpresa, una de ellas era mi exjefa!

—Eso es fácil, jefe –dije señalando su foto–. Ésta no. Karma.

La prueba de que el mundo tiene sus momentos de mostrarnos el porqué de los encuentros sucedió en esa misma compañía de San Juan. Una mañana, mi jefe me comentó que había comprado una tienda que tenía problemas económicos. Aquélla era una situación difícil y necesitaba mi ayuda en la transición. Cuando llegué al lugar me llevé otra gran sorpresa, la tienda era el Bazar y la persona encargada, no podía creerlo… ¡Virginia, una vez más! Se había divorciado y la tienda atravesaba una crisis económica. La abracé fuertemente. Trabajamos juntas un tiempo. Nada podía contra su optimismo. Años más tarde Virginia murió de cáncer, pero siempre será recordada en mi corazón como la mujer que me regaló una estrella.

Pienso que existen varios momentos en que la vida nos presenta una gran oportunidad de dar un giro en sentido favorable. Otras veces la vida nos coloca desvíos, o mejor dicho, los tomamos nosotros, porque así parece que vamos directo a nuestros sueños sólo para ser distraídos por uno que consideramos mejor. A menudo me pregunto sobre esos cambios de ruta. ¿Son parte del camino? ¿Forman parte de un gran plan que no nos hemos trazado? ¿Qué sucede con esa vida que no elegimos? ¿Podemos retomarla más tarde? ¿Son parte de la obra final que no podemos ver?

Cuando vivimos el día a día no nos damos cuenta de cómo cada puntada del tapete de la vida sigue perfectamente atada a otra, creando una obra que sólo puede apreciarse del todo desde el final de la vida, cuando ya no podemos hacer nada para cambiarla. Somos muy impacientes; la vida transcurre demasiado lentamente comparada con la velocidad de nuestra mente. Si hubiera sabido todos los desenlaces con anticipación, hubiera regresado a disfrutar cada día más, pero ésa es la gran contradicción de la vida: necesitas vivir y arriesgarte sin garantías.

El amor es, por lo general, la gran fuerza que tiene la capacidad de quitarnos la lógica. Todo iba bien en Nueva York con mi nuevo trabajo, pero un día el amor imposible que había dejado en Puerto Rico me propuso matrimonio. Había conocido a Guillermo en Puerto Rico un año antes de irme a Nueva York. No hacía mucho que me había divorciado de mi esposo de la adolescencia cuando lo conocí. Él fue uno de esos amores a primera vista, los cuales por experiencia sé que terminan siendo los más turbulentos. Me llevaba veinte años, todos me decían que era un gran error, que en él buscaba al padre que no había conocido. Pero ¿quién puede contener a un corazón enamorado, quién puede pensar?

Nos casamos sin gloria ni ceremonia alguna en el City Hall de Nueva York, pero yo era feliz. Guillermo era el hombre que más amaba y ahora se había convertido en mi esposo, aunque todo sueño alcanzado tiene un precio, y éste fue que tuve que dejarlo todo por él. Sin embargo, eso es el amor, ¿no? A fin de complacerlo y mantener su cariño traté de colocarme en un molde para el cual no había sido entrenada. Yo me identificaba como una mujer de negocios obsesionada por la independencia de los primeros indicios de la tercera ola feminista, pero en mis veinte encarné el rol de una señora de cuarenta, con el que pretendía desempeñar el papel de un ama de casa convencional. Me fui con él y con todas mis ilusiones desde la agitada ciudad de Nueva York hacia una isla en medio del Caribe donde todo el mundo manejaba por el lado izquierdo y parecía caminar a cámara lenta, comparado con Nueva York. La isla de Saint Thomas tiene, casualmente, el nombre del apóstol que no cree. Santo Tomás era el desconfiado, mas curiosamente ese mismo apóstol regresaría a mi vida más tarde.

La isla a primera vista parecía el perfecto lugar paradisíaco para vivir un sueño. Vivíamos en una hermosa casa en la cima de una de sus altas montañas mirando el mar, con un techo en forma de catedral de madera y cemento. Cuando llovía, el sonido de las gotas en el techo era como una canción de cuna. Estaba muy enamorada, no lo puedo negar; junto a su piel bronceada por el sol pasé los momentos más inolvidables de mi juventud. Recuerdo su sonrisa que hacía que sus ojos casi desaparecieran, y el olor a pescado fresco a la mantequilla escuchando la canción *Red, Red, Wine...,* con Bob Marley de fondo. Aparte de los compromisos que él tenía por sus proyectos en la construcción, yo estaba disponible a cualquier hora que él quisiera para acompañarlo a pescar en alguna roca, lo que usualmente desembocaba en largos besos salados por el mar. Las aguas eran de color turquesa transparente, mientras que los peces, las mantarrayas y las tortugas eran los testigos de nuestro amor.

Sin embargo, pasaron los días y los meses, el encanto comenzó a mezclarse con la realidad, y mientras cocinaba, limpiaba y era esposa, mi paraíso iba perdiendo color, el vacío se apropiaba de mí y no podía dejar de recordar la vida que no elegí, aquella que había dejado atrás en Nueva York. La cúspide de mi semana en la calma de la colina era cuando llegaba la caja llena del *Women's Wear Daily* desde Nueva York (el periódico de la moda). La posibilidad de trabajar fuera del hogar no era algo que le agradara a mi esposo, así que ese año sobreviví leyendo las novelas de Jean M. Auel y los libros de Carlos Castañeda, que también se confabularon para mi reintroducción a la espiritualidad de la niñez. Las historias de Castañeda estaban escritas con una narrativa prodigiosa en las que contaba sus aventuras como aprendiz del chamanismo tolteca de los indígenas yaqui de la frontera de México. Hoy en día los toltecas son mejor conocidos por inspirar los escritos del autor Don Miguel Ruiz, *Los cuatro acuerdos*. De los libros de Castañeda se han hecho millones de copias. Más tarde surgieron controversias sobre esas aventuras y la imaginación de Carlos Castañeda, pero yo estaba encantada con las lecciones de las dimensiones desconocidas, lo que poco a poco comenzó a cambiar mi manera de pensar sobre la naturaleza de las cosas. Para Carlos Castañeda la realidad era un sueño lúcido, del que, en vez de despertar, quedamos dormidos, y es en la muerte y en el sueño nocturno cuando estamos en la verdadera realidad. Sus lecciones sobre las cualidades del guerrero son legendarias. «Lo que importa es que el guerrero sea impecable», decía en su libro *Relatos de poder*, publicado a principios de los setenta. Estoy de acuerdo con Paulo Coelho cuando dice que Carlos Castañeda marcó nuestra generación.[1]

Ese domingo cuando hablé con mi abuela pude notar algo extraño en su conversación, me hablaba de Albó (mi abuelo muerto) como si estuviera vivo, decía que la había visitado para cocinarle. Esa noche recibí la llamada que nadie quisiera recibir, ya se la habían llevado al hospital con un ataque al corazón. Yo estaba en Saint Thomas, no había manera de tomar un vuelo hasta la mañana. Esa noche soñé que mi alma salía de mi cuerpo y llegaba hasta el hospital. Recuerdo los pasillos y las puertas, no a ella. Por la mañana llegué al hospital en el primer vuelo.

Al llegar, la cara de la enfermera lo dijo todo.

—Su abuelita murió anoche.

Sentía que me habían rasgado de un tirón un pedazo del corazón. Cuando niña temía no poder reponerme de ese día, pero aunque de la muerte de los seres queridos nadie se repone, las almas se subsanan. Mi tío me contó que esa noche mi abuela igualmente no paraba de mencionar mi nombre. «Y quién va a cuidar a la nena, decía».

¿Se habrán encontrado nuestras almas esa noche? No pude verla viva, pero dicen que, a la hora de nuestra partida, los ángeles de la muerte saben qué es lo mejor para el alma del que se va y del que se

---

1. Paulo Coelho, «Castañeda y el ánimo del guerrero», 13 enero de 2010. https://paulocoelhoblog.com/2010/01/13/castaneda-y-el-animo-del-guerrero/

queda. Era mejor recordarla viva. La vida tiene su manera de saber compensar las pérdidas antes o después de que ocurran, a veces los nacimientos y los matrimonios llegan cuando alguien ha partido o partirá, para llenar el vacío. Mientras escribo estas líneas, una lágrima baja por mi mejilla, porque he caído en la cuenta de que, casi cuarenta años después, todavía recuerdo perfectamente su número de teléfono.

Una noche oscura del alma

Un día mientras estaba en mi casa en la isla de Saint Thomas, abrí el periódico y encontré un anuncio donde ofrecían un puesto de compradora, pero era en Puerto Rico, a treinta minutos de vuelo. Sin pensarlo llamé y entonces me ofrecieron el puesto de compradora de modas en una tienda de departamentos importante, algo que no era común en ese tiempo; yo lo consideré como una señal y la acepté enseguida, a pesar de la mirada molesta de mi marido. Por un tiempo estuve viajando entre las dos islas, regresando los fines de semana a los brazos de mi esposo en una pequeña y aterradora avioneta. Con el tiempo, mis viajes de compra de modas a Los Ángeles y sus celos acabaron por matar ese amor. Perderlo a él fue una de las experiencias más desgarradoras de mi vida, sin embargo, ahora puedo ver que fui yo misma la que, inconscientemente y poco a poco, había iniciado ese final.

Cuando alguien me pregunta: «¿A quién amaste más?», pienso es imposible responder, porque cada amor tiene sus propias características, pero claramente Guillermo fue el que, sin duda, casi me cuesta la vida. Ese día me dijo firmemente:

—No soy el hombre para ti, sólo soy un obstáculo en tu vida, alguna vez te darás cuenta y me lo agradecerás.

En ese momento, esas palabras proféticas no tenían sentido; sólo quería estar con él. Se había operado antes de conocerlo y no podía tener más hijos, pero en mi mente inmadura hubiera arriesgado la maternidad para no perderlo.

Durante la noche, cuando me di cuenta de que no regresaría, sentí una gran angustia en mi pequeño apartamento en San Juan, a donde me había mudado. Comencé a dar vueltas y a pensar de qué manera «glamurosa» podía quitarme la vida. No es una experiencia que se repetirá en mi vida, gracias a Dios, pero me permitió entender cómo alguien en algún momento de desolación puede llegar al fondo de la desesperanza. Cuando tocas el borde del abismo y te preguntas para qué vivir, el final de pronto parece peligrosamente más cerca. En el momento en que sientes que tu vida no vale la pena y que el mundo sería mucho mejor sin ti, suena la gran alarma de que necesitas ayuda profesional urgente. Esto sucede cuando nos hemos identificado con una fuente de seguridad percibida en tal medida, que al perderla pensamos que hemos muerto con ella. Sucede cuando nos identificamos ciegamente con personas, cosas, títulos y roles. Es por eso por lo que los momentos de más estrés en el ser humano son provocados por muertes, divorcios y pérdidas de trabajo.

Cuando el actor piensa que su rol temporal es toda su vida, al perder su puesto, se siente morir con él. ¿Si el trabajo en cuestión, la persona, el puesto o el apellido no están conmigo, entonces, quién soy? Cuando pienso en ese momento, a veces tiemblo, porque si efectivamente hubiera tenido un arma, es muy posible que la hubiese utilizado, razón por la que hoy estoy convencida de que nadie debe tener una cerca.

Aquella noche lancé un desgarrador grito al cielo.

Grité: «¡Dios, no quiero vivir, no quiero estar en este lugar, no sé cómo vivir, todo es muy duro, estoy cansada! ¿Por qué no me llevas de este mundo horrible? ¡¡Porque yo ya me rindo!! ¡Haz lo que quieras conmigo!».

No lo dije en broma, sino terriblemente desesperada y ahogada en llanto. Entonces, un amigo llamó a la puerta y probablemente me salvó, me hizo un té y juntos secamos el llanto que literalmente había humedecido el piso de cerámica blanca. Cuando se fue, me enrosqué en posición fetal y sobreviví a la noche.

Mi amigo, quien estaba al tanto de todo lo nuevo en cuanto a técnicas de sanación alternativa, desde reiki hasta *rebirthing*, regresó a la mañana siguiente y, una vez más me tomó como su conejillo de indias para tratar de quitarme el dolor, pero la angustia que sentía estaba más allá de su alcance.

Lo que ocurrió esa noche oscura es lo que sucede en una crisis cuando nos rendimos a Dios. Entregarse a Dios no era exactamente lo que las lecciones del guerrero de Carlos Castañeda mostraban; para él la fuerza estaba en el propio ser interior, pero cuando recurrí allí sólo encontré más vacío. Esa noche pude ver un vestigio de una lección que me llevó años aprender y que con el tiempo cambió todo para bien: rendirnos y buscar la voluntad de Dios. Cuando ya estamos en el fondo de la noche oscura del alma, dejamos de controlar y luchar con la vida, porque finalmente podemos relajarnos. Es cuando dejamos de nadar para ser llevados por las olas hacia la orilla.

Después de esa noche oscura del alma, ya no fui la misma. Continué la búsqueda con más fuerza, al tiempo que creció una obsesión por ayudar a otros y aliviar el dolor de los demás, era la voz de mi llamada y, al mismo tiempo, era el comienzo para tratar de sanar mi propio dolor.

Tatuajes en el alma

Algunas experiencias desagradables en nuestras vidas son como las órbitas de los cometas, ocurren la primera vez como un gran evento inolvidable que se queda dormido en el subconsciente para luego regresar periódicamente, sacudiéndonos con sus colas encendidas y recordándonos sus lecciones. Algunos son como satélites, pasan frecuentemente, pero otros tardan un poco más en regresar. Hay lecciones que no aprendemos, otras que creemos que ya aprendimos, hasta un día que vuelven para jugarnos una mala pasada, en la que muy pronto despertamos a la realidad de que todavía no tenemos la maestría sobre el juego de la vida.

En ese momento mi búsqueda espiritual se centró en encontrar el origen de estos sucesos periódicos para erradicar o cambiar su órbita. «Si no puedo evitar que regresen estos molinos de viento –me decía–, al menos quiero preparar mi alma para enfrentarlos cada vez que vuelvan». Conocerme a mí misma era el primer paso. ¿Cada cuánto tiempo pasaban las desilusiones alrededor de mi corazón? El resultado de la ausencia de mi papá fue un sentido de abandono que en gran parte marcó mi vida y mis relaciones, quizás por ese motivo, en el amor aprendí a ser la primera en escapar antes de ser abandonada, un patrón que se repitió varias veces. La lógica tras el pensamiento era: si me voy primero, técnicamente no estoy siendo abandonada.

Martha Daza, poeta y mi maestra de escritura, escribió un libro de cuentos titulado *Tatuajes en el iris*; cuando lo vi me quedé fascinada con el título. Ocurren sucesos en la vida que se quedan grabados eternamente en la ventana de nuestros ojos tal como un tatuaje en el iris. Esto sucede por medio de una especie de fotografía eterna, tatuada por una conclusión que queda para siempre impregnada en el cristal de la ventana de nuestros ojos.

La imagen plasmada de lo que creemos que sucedió es la que coloca un juicio sobre todo lo que nos ocurre en la vida presente, porque a través de ella vemos todo lo demás.

El problema es que muchas de esas conclusiones son falsas y terminan distorsionando la imagen verdadera de lo que ocurre. Al proyectar en el presente la imagen del tatuaje del pasado, ya no vemos la diferencia entre lo real y lo falso. Una gran parte del camino consiste en borrar esos tatuajes del iris, o al menos ser consciente de ellos, para poder ver a través de su sombra y cambiar la historia y las conclusiones falsas que hicimos, de manera que no salten del pasado a invadir nuestro presente. No ayuda que esas experiencias estén acompañadas de las creencias o los mitos espirituales que vamos adoptando en el camino, aquellos que realmente nos encadenan. Los tatuajes son los lentes empañados con que vemos, pero la creencia espiritual es la música de fondo que los acompaña: algunas melodías son silenciosas, muchas susurran; la letra de la canción a veces se repite durante décadas, otras tienen el volumen demasiado alto y gritan, ya sea con culpa, negación o redención, dependiendo de su naturaleza. Desenmascararlas es el gran secreto de la paz. Borrarlas para siempre conlleva perseverancia, pero no es imposible, sólo la mano de Dios puede borrar un tatuaje con su paño bañado de gracia.

Al sentarme a escribir mis memorias espirituales, mi primera experiencia fue quedarme sin palabras. Llevo toda una vida tratando de borrar los tatuajes de las ventanas del alma y ahora los necesito, pero no hallo la forma de desencadenarlos a voluntad, porque usualmente el pasado llega cuando es invocado involuntariamente por un suceso indeseado que lo provoca, el ruin «botón» escondido que altera la paz. Las historias personales de sanación pueden ser la forma de curarnos los unos a los otros. «El hierro se afila con hierro, pero los humanos nos afinamos los unos con los otros».[2]

---

2. Proverbios 27.17 (paráfrasis).

Segunda parte

OM

OM

En cierta ocasión, un gurú de la India me aseguró que si pudiéramos relajar la mente lo suficiente, seríamos capaces de escuchar el palpitar del mismo corazón del universo; en ese momento, la vibración de su sonido se escucharía como Om (aum). Según el hinduismo, la palabra en sánscrito es el máximo sonido de la vibración de la conciencia que retumba a través de todo el universo. El mantra Om es un sonido primordial de poder que se utiliza en el hinduismo y en el budismo para la contemplación, y se dice que es capaz de cambiar la realidad. En esta pequeña pero mágica sílaba, aseguran, se encuentra la totalidad del universo, como en una gota de agua se encuentra la suma de todo el mar.

Por otro lado, un sacerdote de las escuelas del cristianismo bizantino[1] me enseñó que la palabra «Amén» es una manera de afirmar una verdad; al decir «así sea», todo aquello que precede a la palabra Amén se convierte en algo sagrado que se devuelve a Dios para hacer su voluntad.

El Amén sella cualquier mensaje enviado a Dios y lo llena de santidad. Decir Amén es como la acción de presionar el botón de «enviar» en un ordenador para transmitir lo escrito; tiene la cualidad sin precedentes de enviar un mensaje al cielo.

Amén también es la última palabra de la Biblia, aquella con la que se cierra la totalidad de lo dicho en ella: «La gracia de nuestro Señor Jesucristo sea con todos vosotros. Amén».

---

1. Los otros católicos, son en su mayoría Iglesias ortodoxas, pero también las hay que están en comunión con Roma (las llamadas Iglesias orientales católicas), donde se puede comulgar si se es católico.

La primera vez que escuché la palabra Om fue al final de los años ochenta, bajo las estrellas de otoño de una noche fría y sin luna. Yo era una entre muchos en la colina, cantando sin cesar su sonido, creando una especie de zumbido que parecía llenar el infinito con el ruido de mil abejas. Esperábamos recibir las bendiciones especiales de Albert, uno de los muchos maestros espirituales que conocí en el camino. Estaba impartiendo un taller de una semana; era un viaje de búsqueda hacia el interior. Una semana antes habíamos llegado procedentes de diferentes partes del mundo, desde Rusia hasta Japón, para encontrarnos en Rosario. Nos pusimos de acuerdo para hospedarnos en un *resort* histórico en la isla Orcas (la más grande de las islas de San Juan, situada en el estado de Washington, en el noroeste del Pacífico). No es casualidad que los indígenas llamen a esta isla esmeralda «la joya de las San Juan Islands»; realmente, es un lugar dotado de una magia especial que se percibe en el ambiente. Desde que pones el pie en ella, percibes el encanto de su paisaje verde y su brisa sin humedad que tiene un peculiar olor a pino mezclado con musgo verde. Orcas es, sin duda, el lugar idílico para hallar el silencio y la soledad, los cuales sólo serán interrumpidos por un águila o por el sonido de alguna ballena o quizás un delfín. Sus montañas amanecen cubiertas por la neblina mañanera que reposa como abrazando sus aguas en una perfecta calma.

Orcas se halla a un día de viaje desde Seattle y a unas diez horas de vuelo desde mi casa en Puerto Rico. Para llegar se necesita tomar un ferry desde el puerto de Anacortes (Washington). Albert nos había invitado, por medio de una carta previa, a que utilizáramos la oportunidad de cruzar el agua hacia la isla como una analogía para dejar atrás todos nuestros problemas. Según él, era mucho más fácil dejar ir cuando había agua de por medio.

Albert era todo un señor inglés, muy educado. Aunque ya había cumplido los setenta, continuaba siendo muy activo y, entre otras virtudes espirituales, nos dijo que había sido declarado un *swami*[2] (por

2. *Swami* es un título honorario, se utiliza como signo de respeto en la India cuando una persona se dirige a un gurú (maestro espiritual) mujer u hombre, y se aplica a los maestros espirituales de diferentes tradiciones; en especial en el hinduismo.

medio de la imposición de manos de parte de un conocido gurú en una visita que había hecho a la India unos años antes). La noche del Om, yo estaba ansiosa esperando su bendición, que en realidad consistía en una transferencia de *shakti* o energía de poder en el hinduismo. Un toque que incluía un mensaje privado, recibido en trance y comunicado individualmente a nuestros oídos a través de un murmullo. Esperamos desde el atardecer hasta que cayó la noche, que cubrió todo como un telón, salvo el brillo de los luceros y las estrellas, a las que parecía poder tocar con tan sólo un esfuerzo. Albert estaba sentado en una especie de trono, muy similar al que usan los verdaderos gurús: se trataba de una silla cubierta con una sábana blanca, rodeada de flores y velas.

A pesar de su vida poco convencional, por lo general Albert lucía muy tradicional, vestía con un perpetuo abrigo cárdigan de cachemira y siempre estaba impecable. No era el típico aspirante a gurú *hippie* americano, sino alguien a quien yo admiraba por su honestidad y deseo de ayudar. Se había ganado la confianza por inspirar los comienzos del famoso movimiento del potencial humano de los años setenta. Tanto en Estados Unidos como en el resto del mundo, Albert también era conocido por ser uno de los fundadores de los «Large-group awareness trainings» (talleres de entrenamiento de conciencia para grandes grupos, por sus siglas en inglés LAGT), predecesores de los grandes eventos motivacionales que ahora se llevan a cabo en los estadios. Después de cerrar las operaciones de su taller original, algunos de sus socios se convirtieron en fundadores de otros talleres de entrenamiento muy conocidos. Los controvertidos talleres de LAGT eran especialmente populares entre las celebridades de Hollywood de los años setenta y consistían en control mental, meditación y técnicas personales para el éxito, que estaban basadas en ejercicios psicológicos específicos. Resultaron tan famosos que, incluso, en su época se parodiaron en la película *Semi-Tough* (1977), con Burt Reynolds. Millones de personas, incluida yo, habíamos participado en estos controvertidos seminarios. De hecho, llegué a Albert precisamente para que me rescatara de una versión de sus antiguos talleres que había realizado en Florida.

La ley de distracción

La vida me sonreía; todavía no había cumplido los treinta años, pero ya sentía que vivía mi sueño en el negocio de la moda, además, ya estaba enamorada de quien luego se convertiría en el padre de mi hija. Un día, mientras trabajaba en mi estudio de diseño en la creación de un patrón de modas, recibí la llamada de Daniel, un viejo amigo que no dejaba de hablarme sobre un seminario que había hecho en Florida. Aún recuerdo sus palabras:

—¿Qué harías tú si pudieras tener la vida que deseas? Me preguntó.

—Yo ya la tengo –respondí.

Yo tenía la vida que quería y así se lo hice saber inocentemente.

En verdad me consideraba ya una persona exitosa, al menos de acuerdo con mis valores, pero él insistió:

—¿Qué tal si…?

Daniel me dijo que la mayoría de nosotros no sabemos lo que deseamos, y tampoco podemos ver lo que necesitamos. De alguna manera, eso es cierto. Yo recuerdo ese instante como el momento en que comenzó la gula por tener más. Era una ambición mezclada con angustia existencial. Ya tenía lo que quería, pero ahora deseaba más. Era la época de los ochenta y el mundo de la motivación, de pronto, había sustituido a la espiritualidad. No es muy diferente a lo que sucede hoy en día, cuando la motivación personal se ha convertido en una empresa que mueve billones de dólares. La filosofía se conoce como la «ley de la atracción», pero realmente debería llamarse «la ley de la distracción». Se trata de expertos que nos venden sueños que no necesitamos, aun aquellos que saben que pueden estar más allá de nuestro alcance; no, yo no soy una pesimista, todavía tengo sueños y debo aceptar que fui parte del movimiento, pero ya no creo inocentemente que podamos tenerlo todo. En ese momento, era joven, estaba llena de vida y ambición. Así que cursé el seminario de ocho días, el cual estaba dividido en un fin de semana básico y otro más largo que llamaban «avanzado»; era bastante costoso, incluso para los estándares de los precios excesivos del final de los años ochenta.

La palabra «Dios» estaba prohibida en esa filosofía, y era sustituida por «energía», «fuente», «universo». Para obtener éxito bastaba con pulsar los botones correctos del genio universal y conseguir los resultados deseados. Si no conseguíamos lo que soñábamos, entonces, algo andaba mal en nuestra manera de pensar; teníamos que hacer un cambio o dar un salto «cuántico», porque nosotros mismos somos los creadores, la «causa», pues todo ocurría sólo por nuestra propia voluntad.

Antes, mi vida resultaba inocente y espontánea, ahora había una explicación para todo; esta creencia era como un virus que se había alojado en mi conciencia.

No me podía relajar porque yo constituía la fuente, la causa, el agente creador, la única responsable de todo. Era como caminar con el globo del mundo a mi espalda. «Soltar» no era una palabra de su jerga, sino que se popularizó más tarde con el budismo; más bien se trataba de todo lo contrario: no rendirse jamás, porque descansar no era una alternativa.

«Duerma cuando muera».

«Haga lo que sea necesario».

«Todo es posible si puede imaginarlo».

«No hay excusas».

El extremo de esta manera de pensar era la responsabilidad total y el pensamiento de que «nosotros somos la fuente de todo», lo que puede derivar en la falsa creencia de que somos invencibles y, a la vez, sentirnos culpables por lo que no hemos conseguido, un precursor de las «estrelladas» que una creencia así puede generar en el principiante cuando se da cuenta de que no, no puede hacerlo todo.

Tardé años en descubrir que hacer lo que se ama, sin agendas triunfales, es la definición de nuestro verdadero propósito. En verdad, cuando tenemos fe en la ayuda divina, las cosas pueden llegar a nosotros sin tanta angustia. Dios nos invita a participar en su plan como si fuéramos un instrumento, no la fuente, porque él es la fuente. Cuando encontramos el propósito que Dios nos ha dado, ya no es necesario obtener motivación, que es lo que hacemos cuando le pagamos a alguien para que nos convenza de hacer algo que, en primer lugar, realmente no queremos hacer, porque es muy posible que sea tan sólo un sueño ajeno que deseamos realizar para impresionar u obtener la aprobación y la admiración de los demás.

¿Necesitamos motivaciones para comer cuando tenemos hambre? Lo natural no necesita ser forzado. Por supuesto que obtuve beneficios de los entrenamientos del potencial humano; es increíble cómo horas de sueño perdidas, un cuarto cerrado sin ventanas y el alimento limitado pueden hacer que te vuelvas «manejable y dócil», provocando que te concentres en las cosas más importantes, a las que quizás durante años no habías dedicado tiempo, incluyendo la relación con los padres, los amores, los hábitos negativos, tu niño interior y los temas relacionados con la autoestima.

En aquella época de mi vida, no todo fue negativo. El proceso, entre otras lecciones mostraba habilidades positivas para fijar metas con tiempos determinados, y estoy segura de que contribuyó de forma importante a que comprendiera el concepto de cómo debemos vivir con autenticidad, en el presente, y asumir la responsabilidad por nuestros actos. Quizás lo más importante es que me ayudó a comprender mejor cómo las creencias que albergamos sobre nosotros mismos y nuestro entorno afectan a nuestra vida.

Existen nuevas y más modernas versiones de este curso que han sido rediseñadas desde los años setenta y que han ayudado a muchas personas. También puedo reconocer el mismo tono de esa década en seminarios a gran escala impartidos por motivadores famosos. Hoy sigo aprendiendo de muchas de esas lecciones con cuidado, ahora puedo entender que no soy responsable de todo; puesto que las personas tienen su propio libre albedrío y no puedo cambiarlo. La compañía original que impartía esos seminarios fue cerrada después de que se interpusieran unas cuantas demandas, pero hoy aún existen muchas versiones que utilizan lo mejor de esos cursos.

Tengo que aceptar que sobre las enseñanzas aprendidas, he logrado más por eliminación que por motivación, pero esto no quita que repetiría cada momento. Dios utiliza muchos medios para que lleguemos a él y, a pesar de que su nombre no se mencionaba en los talleres, yo pensaba que su presencia estaba implícita en las palabras de amor y ayuda a los demás. Lamentablemente, un ambiente donde entregas tus emociones a cambio de un costo económico –como sucede en cualquier institución, incluyendo las religiosas– puede prestarse a la manipulación, el fanatismo y a acciones fuera de lugar, tal como lo vemos hoy en la televisión en algunas series que abordan el tema de los cultos.

En ese momento de confusión, en que me cuestionaba el valor de muchas de esas prácticas, fue cuando escuché hablar de Albert, quien aunque originalmente había escrito parte de ese mismo taller, se había retirado de los entrenamientos del «potencial humano» precisamente porque se había convencido de que el positivismo y la manipulación de la mente y las emociones no logran un cambio espiritual permanente.

Años después de abandonar esos talleres, Albert descubrió que es todo lo contrario, que, en vez de utilizar el pensamiento positivo y cambiar la creencia para adquirir espiritualidad, el secreto estaba en dejar de pensar para así recibir la guía desde «arriba». Él sostenía que el secreto era mantener la mente y las emociones en silencio por medio de la meditación, para permitir la llegada de la energía del propio espíritu. Así fue cómo llegué a la isla de Orcas.

Esa semana en la isla también practicamos algunos rituales con unos indígenas y hasta con una persona rusa que nos mostró cómo lanzarnos a las aguas congeladas para controlar la temperatura del cuerpo por medio de la mente. A pesar de la tos causada por el humo del incienso de salvia que el nativo me echaba en la cara con sus plumas de águila, salí ilesa, tanto de la cabaña de sudación indígena, como de la bahía congelada tras lanzarme al frío de las aguas con el objetivo de controlar mi mente. Quizás ésta era mi manera de practicar la mortificación del cuerpo, pero no la recomiendo en absoluto. Otros estudiantes, siguiendo estas prácticas que ponen la voluntad a prueba, no han tenido tanta suerte de salir ilesos.

Cuando conocí a Albert en Orcas, ya no estaba aliado a las grandes compañías motivacionales que originó. Había viajado a la India en busca de la verdad, donde aseguraba haberla encontrado, en particular después de conocer a Sai Baba, el controvertido gurú de la India famoso por realizar milagros extravagantes, entre ellos materializar relojes Rolex.

Albert había adoptado el hinduismo como su sendero espiritual principal. En las semanas que viajaba a Orcas para encontrarlo junto con otros seguidores, asistí a sus innumerables clases de introducción a la religión y la filosofía comparada, incluyendo muchas de Oriente, desde el sintoísmo de Japón hasta el zen, el tao y el budismo. Albert al menos hablaba de Dios, pero su dios era una especie de genio interior, como él acostumbraba a llamarlo. Había estudiado para ser ministro de la Iglesia Unity, aunque nos contó que al final renunció a su cargo como reverendo.

Cuando hablaba de Jesús mencionaba la conciencia crística, un tema que en mí sigue evolucionando. La autorrealización y la conciencia cósmica adoptada del hinduismo era la respuesta de Albert. De acuerdo con él, todos teníamos un genio interior. Su herramienta principal era un mantra[3] que aprendió en la India: *So-ham*, que también son las sílabas que hoy en día muchos profesores de yoga repiten.

Un maestro me dijo en una ocasión que repetir un mantra es una manera de distraer la mente de los pensamientos automáticos, y liberarnos del sufrimiento en el silencio. En realidad, tiene sentido porque el sufrimiento comienza por la mente. El secreto está en que mientras repites el mantra, tu mente se tranquiliza y escuchas la voz de Dios en tu interior. En la India, aunque sólo creen en un dios creador o Brahma, existen muchas expresiones. El mantra *So-ham* proviene de una palabra del sánscrito que significa «yo soy ése», refiriéndose a la creencia de que Dios está en nosotros. Desde los años treinta las palabras «YO SOY», también utilizadas por Jesús varias veces, fueron adoptadas por varios grupos del Nuevo Pensamiento. Muchos pastores hoy en día utilizan estas dos palabras como una afirmación de poder, sin sospechar su historia oculta. Los que estudiamos Nuevo Pensamiento sabemos que esto no es nuevo.

En Orcas encontré a Dios, pero no fue en los mantras, en las meditaciones o en los retos físicos, sino en el medio del bosque que parecía estar encantado y donde todo lucía como si estuviera iluminado con un brillo especial de vida, luz y color. Vi a Dios en cada flor y en cada águila. Puedo decir que en esos momentos de reflexión solitaria sentía

---

3. «Mantra» en el budismo y el hinduismo es una palabra o serie de sonidos con significado, man- ('mente' en sánscrito) y el sufijo instrumental -tra. Podría entenderse como un «instrumento mental» para alcanzar la liberación.

que, cuando miraba una roca, respiraba la brisa y miraba el juego de las focas, me sentía más unida a Dios que nunca.

Al reflexionar, puedo ver que la mayoría de las cosas hermosas que han sucedido en mi vida no fueron parte de una técnica especial. Muchas llegaron sin soñarlas, sin buscarlas, sin pedirlas o perseguirlas. En realidad, tengo que aceptar que, generalmente, ni siquiera fueron merecidas. Sólo hay una explicación para ello: la Providencia, al fin y al cabo, no recibimos las cosas porque nos confabulemos para conseguirlas, sino por nuestro propio esfuerzo acompañado de la gracia. En ocasiones, no hay otra alternativa que llegar a la conclusión de que Dios colabora con nuestros sueños, antes siquiera de que nosotros los hayamos forjado. Aun cuando nosotros no reconozcamos su existencia, Dios no se olvida de la nuestra.

Tuve muchos sueños personales y aún los tengo, logré muchos de ellos antes de saber sobre la ley de la atracción y el discurso motivacional de «puede tener todo lo que quiera, si solamente (tres puntos suspensivos)». Pero mis logros no habían sido el resultado de la práctica de un mantra o de una fórmula especial, esos sueños se habían hecho realidad gracias a mi persistencia, trabajo duro y a la toma de decisiones correctas (después de muchas equivocaciones). Numerosas enseñanzas del mundo de las ideas motivacionales invitan a reparar lo que no está roto y a conseguir lo que no necesitamos, y al final esto termina siendo la causa mayor de angustias y pérdidas que precisamente suceden mientras estamos distraídos persiguiendo encontrar lo imposible.

California *dreaming*

Al mismo tiempo que atendía los negocios de modas continué mi búsqueda espiritual, en esta ocasión en Los Ángeles, una ciudad que visitaba frecuentemente en mis viajes de negocios.

Para bien o para mal, el sur de California siempre ha sido la cuna de las ideas progresistas. Lo nuevo y diferente, todo parece entrar en Estados Unidos por el portal de California. La espiritualidad no era la excepción, y al parecer eso sucede incluso hoy en día.

En cada viaje de negocios que hacía me iba adentrando más y más en la subcultura de las nuevas ideas de la «vida alternativa» del oeste de Estados Unidos. Eran los años noventa, pero ya estaba incursionando en ese nuevo mundo bohemio que constituía un remanente de la era de Acuario. Mucho antes de los *influencers* y el Instagram de hoy, yo ya experimentaba con todo lo que era orgánico y vegano, incluyendo la comida cruda y las cenas macrobióticas. Recuerdo que la colonterapia (hidroterapia de colon), estaba de moda y había sustituido los faciales para mejorar la piel. Siempre había un nuevo lugar para comer, hablar, meditar, hacer yoga o escuchar algún espíritu canalizado del más allá.

Tras largas horas de trabajo caminando por los almacenes de ropa y telas en el centro del Downtown de Los Ángeles, mi actividad favorita para bajar revoluciones era tomar té mientras rebuscaba entre los estantes de The Bodhi Tree, la legendaria librería de Nueva Era que estaba de moda, que se encontraba en la Avenida Melrose, al oeste de Hollywood.

Tal como él dijo *en Los Angeles Magazine*, cuando escribió sobre el inevitable momento en que la cerraron en el 2011: «Los Ángeles [la ciudad], junto a Mount Shasta, Austin, Boulder, Sedona y Portland siguen siendo sinónimos de vida alternativa… Hace medio siglo, el sur de California se había atribuido más *swamis, mediums* y yoguis que ninguna otra ciudad al oeste del Hudson. Si olía a incienso, *masala* o a espíritus reencarnados, seguro que tenía una dirección cerca de L. A.».[4] Esta verdad sigue siendo vigente.

The Bodhi Tree era la librería de ocultismo por excelencia, la cual se había elevado a la fama gracias a la actriz Shirley MacLaine y su éxito taquillero *Out on a Limb* [*Cita con los dioses*], una película sobre el libro del mismo título en la que relataba sus experiencias con OVNIS en Machu Picchu (Perú), sí, con objetos voladores no identificados, algo muy común en esa época.

Todos queríamos ser como Shirley y nos quedábamos debajo del estante lleno de libros para que sobrenaturalmente cayera un libro es-

---

4. «Finding closure. Bodhi Tree, the bookstore that enlightened New Age L.A., readies for its final exit», *Los Angeles Magazine*, 1 de julio de 2011. www.lamag.com/culturefiles/finding-closure

pecial en nuestra cabeza, tal como le sucedió a ella. No sé si fue parte de una gran casualidad, pero a mí también me pasó, un libro cayó sobre mi cabeza, aunque probablemente no fue tanto por gracia divina como por el caos y el desorden que dejábamos los lectores. La librería The Bodhi Tree, se llamaba así en honor al árbol bajo el cual se dice que Buda se había iluminado. No era poco común que en este lugar las horas pasaran sin darte cuenta entre el encantamiento del olor a incienso, las cartas astrológicas, los atrapasueños indígenas, los amuletos, las runas, las campanas y las grandes piedras de cuarzo. Éste era el sitio preferido donde nosotros, los seres «de mente abierta» podíamos aprender sobre los avatares y recibir los mensajes de los seres pleyadianos de luz, supuestos extraterrestres a cargo de la Tierra.

La librería era el lugar designado para encontrar los secretos que estaban fuera del alcance de las personas «de mente cerrada». Hoy sé que muchos de los temas del chamanismo y del poder interior son versiones recicladas de esos *best sellers* del ayer. Aquí retomé mis viejas lecciones de Carlos Castañeda y su libro *Las enseñanzas de Don Juan, una forma yaqui de conocimiento*. No había límite alguno sobre lo que pudieras encontrar en aquellos escaparates llenos de libros de alquimia, ciencias ocultas e, incluso, satanismo. En este sentido, recuerdo que un día aprendí algo inesperado cuando la curiosidad se apoderó de mí, me llené de osadía y abrí las primeras páginas de un libro satánico. Para mi gran sorpresa, sus ideas no sonaban oscuras, sino bastante atractivas. Me atrevo a decir que apuntaban más a lecciones sobre atracción y prosperidad que a un encuentro cercano con el exorcista. «Haz lo que deseas, puedes tenerlo todo, tus deseos son ley, puedes ser un dios…». En dos minutos, lo cerré de golpe antes de ser poseída por el mismo demonio. Uno de los atributos de la ignorancia es que nos engaña con sus medias verdades. Sólo de pensarlo, siento escalofríos…

La Nueva Era no fue la única influencia espiritual que adopté de Los Ángeles, también tuve mi influjo de los contactos multiculturales normales con los negociantes judíos persas (de Irán) de la industria del textil, quienes, aparte de enseñarme grandes lecciones mercantiles, de igual modo me expusieron a los sabores, la cultura y los sonidos de Persia. Agradezco a mi amigo John que me introdujera en la lectura de los poemas de Hafez, el célebre poeta persa conocido por sus expresiones de amor, espiritualidad y protesta, tan adorado como Rumi, otro conocido poeta sufí, hijo de persas nativos. Sentada en el suelo y en medio de negociaciones de rollos de telas, nuestras conversaciones para encontrar el sentido de la vida podían durar largas horas.

La amistad, la familia, la lealtad y los valores son parte integral de los judíos, quienes como ya he explicado, por alguna razón siempre han jugado un papel importante en varios momentos de mi vida. Aparte de Virginia, que también era judía, atribuyo a George, un fabricante de ropa judío de Los Ángeles, otro momento significativo para que se cumplieran mis sueños. A veces un encuentro casual puede cambiarlo todo.

Conocí a George, que también era persa, junto a su asistente Letty en una convención de modas en Nueva York cuando intentaba darle un modelo para que lo fabricara. Ese modelo resultó en miles de piezas de ventas, lo cual nos benefició a ambos, a mí como compradora y a él como manufacturero. Fue algo que repetimos varias veces, pues yo tenía la habilidad natural de identificar a los ganadores. Un día mientras cenábamos, me dijo:

—¿Sabes que tienes una habilidad anormal para identificar modelos de ropa?

—¿Tú crees? –le pregunté.

—Claro. Creo que en vez de compradora deberías pensar en ser manufacturera.

Aquélla era una idea que jamás se me había ocurrido. Trabajaba como compradora de modas, pero al final resultaba que era una empleada con un sueldo módico.

—Pero… Ni siquiera sé como comenzar, no tengo ahorros ni crédito, no sé nada de manufactura –añadí.

—Sabes lo principal, elegir un ganador. Anda, anímate, yo te ayudo; garantizo tu cuenta con mi crédito mientras te estableces –me dijo.

George era un chico inteligente, para él nada parecía imposible. Era muy joven y exitoso, y vivía tal como manejaba su Mercedes descapotable, por «la 10» de Los Ángeles… ¡Muy rápido! Acepté su oferta. Pero, cuando llegué a casa, ya en frío, sin el calor de la emoción, me sentía aplastada por cada una de las excusas por la cual mi gran sueño iba a fracasar. Comencé el negocio con unos dos mil dólares y el crédito de mi amigo. El principio fue bastante difícil, incluyendo una sociedad de negocios con otra diseñadora, no sabía nada de manufactura y los errores en los patrones y los problemas con los contratistas no se hicieron esperar. Llevó tiempo, pero luego de seguir por mi cuenta, mi compañía comenzó a dar frutos.

La influencia persa no tardó en notarse en mis preferencias. Todavía, cuando voy a Nueva York, me aseguro de visitar mi restaurante persa favorito. La persa es una de esas cocinas a las que recurro cuando necesito alimento «emocional». Aparte de mis gustos aprendidos, como el helado de pétalos de rosa, el *tahdig*, y mi amor por el sonido del *tar* (la guitarra iraní), la influencia persa fue la responsable de que conociera otra importante religión de Oriente.

La familia persa es muy tradicional, y el hecho de estar divorciada no era lo ideal para una mujer en Los Ángeles, y pronto, los deseos de boda de mis amigos se hicieron realidad.

Conocí al que sería mi futuro esposo cuando unos buenos amigos comunes que trabajaban en la industria de la moda nos invitaron a una cena para celebrar su aniversario. Inmediatamente surgió una camaradería especial en la conversación que mantuve con este comerciante cubano de carácter fuerte y suave a la vez, que además de su sinceridad, me cautivó con su buen humor.

La fecha de mi boda se acercaba y yo me había encaprichado en contratar a un músico que tocara la guitarra iraní, lo que en Los Ángeles no era difícil, pero en Puerto Rico resultaba imposible. Al preguntar me puse en contacto con el único ser posible en toda la isla que podía hacerlo, un importador de alfombras persas, por supuesto. Su nombre era Amir y no estaba nada interesado en tocar en la boda de una extraña.

—No hago bodas –me dijo–, y todavía menos si hay alcohol.

Brinqué de felicidad. Él me miró con curiosidad.

—Perfecto, es que en mi boda no habrá alcohol –le dije entusiasmada.

Mi futuro esposo, tras atravesar un momento de lucidez espiritual, había decidido no probar más el alcohol, así que acordamos hacer una boda «seca». A Amir le pareció curioso que no incluyéramos el alcohol en nuestra boda, pues esto en Puerto Rico sólo es posible en una boda evangélica fundamentalista, y nos preguntó:

—¿En qué clase de boda están pensando?

La verdad es que no sabía lo que quería, aunque sí lo que no quería: una boda convencional, esas que terminan con un «Hasta que la muerte os separe», lo cual me sonaba hipócrita considerando mis matrimonios anteriores.

Fue en ese momento que Amir nos invitó a mi prometido y a mí a una cena especial con una pareja de amigos suyos. Ése fue el día en que oí hablar por primera vez de la fe *bahá'í*, una religión relativamente joven originada en Irán, en el siglo XIX. Te sorprenderás al saber que uno de los templos más grandes e impresionantes de Nueva Delhi (India), con una gigantesca estructura en forma de flor de loto que parece proceder de otro planeta, no es hindú sino *bahá'í*. Su sede principal es La Casa Universal de Justicia, un hermoso monumento que está en Haifa (Israel).

El alcohol está prohibido entre sus miembros, razón por la cual finalmente Amir aceptó tocar en nuestra boda. Ese día servimos sidra sin alcohol y no todos estaban contentos con mi selección de «bebidas». Una de las características de la boda *bahá'í* es el requisito de que los padres estén de acuerdo con la boda, ya que al final no se casan dos personas, sino dos familias.

En el rito de bodas *bahá'í*, como en el rito cristiano católico de Oriente y a diferencia del rito latino de la Iglesia católica romana, no hay votos. Como no hay clero ni pastores, la pareja se casa a sí misma directamente con Dios frente a unos testigos. En vez de decir: «Hasta que la muerte nos separe», el matrimonio *bahá'í* se supone que será para toda la eternidad (un tiempo bastante largo) y en vez de decir: «Sí, quiero», se declara: «En verdad todos acataremos la voluntad de Dios». Los representantes de la fe recitaron los votos escritos entre las cuerdas del *tar*. La boda se celebró con la brisa de un invierno tropical y la vista embriagante del mar.

Así fue cómo se cumplió mi sueño de escuchar el *tar* persa en mi boda, el cual Amir tocó sentado en una de sus propias alfombras persas, que al final terminó en la sala de mi casa. La tarde, a pesar de un inconveniente (nunca llegó el fotógrafo), fue mágica y continuó con música de jazz latino. Mi regalo a los asistentes fue una pequeña caja de cuarzo, cubierta de amatista. La boda, al final, se terminó temprano; el secreto de una fiesta corta es no ofrecer alcohol.

Yo nunca me hice miembro formalmente de la fe *bahá'í*, pero durante muchos años asistí a los grupos de oración que organizaban mis amigos en su casa, acompañados por la comida persa que recibimos de las manos de un ángel. Cada semana se organizaba el círculo de oración interreligioso donde cristianos, musulmanes y budistas rezaban según su fe. Farahnaz era el ángel persa que jamás olvidaré, esta *bahá'í* es una de las personas más hermosas y llena de Dios que he conocido; ya partió de esta tierra, Dios la tenga abrazada en su cielo.

Cualquiera pensaría que una vida ocupada en los negocios y un nuevo matrimonio saciaría mi sed espiritual, pero mi búsqueda continuaba, quizás porque estas cosas llenaban mis metas, pero no satisfacían mi espíritu.

Un día, mientras caminaba por la ciudad de Los Ángeles, encontré en un estante lleno de revistas y periódicos, un ejemplar de The Learning Annex, una compañía que se dedicaba a impartir cursos de educación continuada para satisfacer la cultura de Los Ángeles, obsesionada por el conocimiento de nuevas ideas por medio de cada curso de «Cómo hacerlo todo mejor...». Ellos eran responsables de los talleres con personajes reconocidos y temas muy diversos, que incluían desde los secretos de bienes raíces con Donald Trump, hasta cómo hacer hechizos.

Cuando abrí el calendario, me encontré con que el doctor Wayne Dyer, autor del exitoso libro *Tus zonas erróneas* (una Biblia moderna de psicología y un fenómeno de ventas) impartía una charla en Los Ángeles esa misma semana. El doctor Dyer era mi héroe, y todavía lo es. Su libro fue el primero sobre motivación que leí a los quince años, y luego otra vez en la universidad, cuando era el libro asignado de la clase de Psicología 101, que ya he explicado que cursé con perfectas calificaciones. Aquélla era una oportunidad que no podía perder.

Llegó el día y me senté en primera fila, «hipnotizada» ante el doctor Wayne Dyer mientras hablaba frente a unas cuatrocientas personas en el auditorio del centro de convenciones. Era un conferenciante encantador, con una sonrisa cautivadora; su discurso resultaba relevante y lleno de ricas experiencias personales. Yo estaba fascinada con su optimismo. Asimismo, podía identificarme con su experiencia de abandono: él había sido un niño acogido gracias a un programa de adopción cuando en más de una ocasión su madre no pudo cuidarle. Yo también había sido víctima de abandono y, aunque mi mamá no cumplió sus amenazas de darme en adopción, pienso que como resultado ambos teníamos ese deseo de ayudar a otros a encontrar inspiración y sentido a la vida.

En el intermedio de la charla, pensé que sería una magnífica idea llevarlo a Puerto Rico, pero yo no tenía experiencia organizando eventos y tampoco tenía el valor de preguntarle. Todavía con esa idea en la cabeza, me tropecé con Wayne mientras salía del servicio de caballeros. Con su bella sonrisa me dijo un gran hola; yo me quedé paralizada. No fue hasta el final del evento, luego del último autógrafo en una larga fila, que me armé de valor para invitarlo a Puerto Rico. Él aceptó mi invitación y ése fue el principio de los años que pasé organizando eventos para conocidos autores de la Nueva Era.

Llegó el día de la charla del doctor Dyer en un centro de convenciones al lado del mar en Puerto Rico. Luego de su carrera de unos trece kilómetros, tuvimos un desayuno. Recuerdo su sonrisa contagiosa y la manera en que miraba con toda su atención a quienes se dirigían a él, como si fueran la última persona en el mundo. Era un hombre honesto con un enorme deseo de marcar una diferencia en cada persona que encontraba.

El doctor Dyer comenzó su exitosa charla, que organicé junto a un amigo, con la asistencia de unas quinientas personas, pero no habían pasado treinta minutos cuando de entre el público se levantó un hombre alto, vestido como un ejecutivo, que llevaba en su mano un maletín. Lo vi dirigirse directamente a mi escritorio con una actitud agresiva.

—¿Quién es el responsable de organizar este evento? –me gritó.

—Pues, yo. ¿Cómo puedo ayudarle? –le respondí un poco intimidada.

—Me inscribí en esta charla para obtener créditos de educación continuada en psicología. No he pagado para escuchar hablar sobre Dios y menos sobre magia. Quiero que me devuelva mi dinero –me dijo bastante alterado.

—Por supuesto, sin ningún problema –añadí.

Nuestro amigo psicólogo tenía un punto a su favor, pues el mensaje del doctor Dyer había cambiado drásticamente desde sus días de *Tus zonas erróneas.* Su charla ciertamente ya no trataba de psicología ortodoxa. Wayne acababa de lanzar un nuevo libro titulado *Tus zonas mágicas* y con él había cruzado formalmente la línea, partiendo del género de la psicología al de Nuevo Pensamiento. Sus nuevas ideas sobre atraer milagros por medio del poder de la mente eran muy atractivas y esperanzadoras en un mundo en que el sacrificio y el sufrimiento, sin la alternativa de poder cambiar las circunstancias, eran la norma. Luego del evento y de haber terminado su firma de libros, tuve otra oportunidad de conversar con el autor. Fue entonces cuando me preguntó por mi matrimonio y cuánto tiempo llevaba casada.

Realmente, acababa de casarme. Tenía treinta y cuatro años.

—¿Es tu primer matrimonio? –me preguntó.

—Es el tercero –le respondí–, pero me gusta pensar que el primer matrimonio no fue una elección consciente, era muy niña, sólo tenía quince años, muy joven para tomar decisiones.

Le di una larga explicación sin respirar apenas, más como manera de disculpa y justificación que de información.

Las decepciones amorosas no son un sello de disfuncionalidad necesariamente, también existen matrimonios de larga duración que pueden catalogarse como un fracaso. Un mal amor puede ocurrirle a cualquiera, sea religioso, ateo, psicólogo o santo, todos tenemos derecho a tener caídas. De hecho, podemos mostrar a otros cómo levantarse gracias a ellas, porque cada fracaso nos hace más fuertes, aunque también puede debilitar el alma. Ser fuerte no es aguantar más, sino tener la valentía de salir de una mala relación, con deseos de amar de nuevo. Si hemos sobrevivido ayudando a otros, es porque algo hemos aprendido, porque muchos caen, pero no todos se levantan.

Al final, ninguna lección de autoactualización, motivación, uso de afirmaciones, espiritualidad, autoayuda y guía interior pudo evitar que unos años más tarde, una vez más, ambos fracasáramos en nuestro respectivo tercer matrimonio. He descubierto que nuestros retos no siempre podrán ser evitados con un pensamiento positivo, porque el subconsciente a menudo tiene otra idea escondida sobre lo que cree que merecemos.

No podemos olvidar que las apariencias exteriores engañan, a veces los matrimonios más duraderos son los más enfermos. Claro que esto no es una excusa para dejar de hacer todo lo posible a fin de sanarlos; creo que el amor es una elección que debe estar resguardada por el compromiso, pero a veces se nos olvida incluir a Dios en la ecuación de las técnicas.

En nuestra vida habrá pérdidas, enfermedad y corazones rotos, es parte de la temporalidad de las cosas. Pero muchas de estas técnicas, aunque no impidan que se produzcan esos infortunios, nos ayudarán a manejarlas. No siempre estamos siendo negativos ni haciendo algo mal necesariamente, a veces, a pesar de nuestras mejores intenciones, ocurren situaciones desagradables. Lo temporal es propio del tiempo. En el tiempo lo único seguro es que cambia, se va, se desvanece, sus páginas pasan sin clemencia.

Muchas veces sucede que jamás tendremos una respuesta firme del porqué nos suceden ciertas cosas en la vida. La fe es la certeza de que algún día lo comprenderemos todo. Nos desilusionamos porque confiamos más en lo que queremos ver que en lo que no se ve. Repetimos patrones de nuestra niñez en un intento por sanar y liberar nuestros dramas, pero en ocasiones sólo terminamos repitiendo lo que no queremos experimentar.

Comprendo bien lo que se siente al perder un amor y, cuando ocurre, nada puede evitarlo. Años más tarde, yo también había perdido a mi tercer esposo en un divorcio. Siempre me cuestioné si esa historia en común de abandono con el Dr. Dyer, y que sucedió cuando éramos niños, jugó algún papel en nuestra incapacidad de mantener una pareja siendo adultos.

El doctor Dyer falleció en su residencia en Hawái y con él murió toda una época de autores de autoayuda. Sin duda, ha dejado una huella inigualable. Al final vivió una vida plena donde compartió al máximo sus dones con los demás. Cuando lo recuerdo, siempre sonrío. Dios lo tenga en su cielo.

Unos meses después de aquella visita, el mismo doctor Dyer me contactó con la oficina de su amigo el doctor Deepak Chopra, el prolífico escritor, para organizar otro evento. En ese momento acababa de lanzar un nuevo libro, *Las siete leyes espirituales del éxito* (1994), que hoy es un clásico de la sección de metafísica. El libro es un manual para el éxito que ha vendido millones de ejemplares. Deepak es también un endocrinólogo que había sido devoto de Maharishi Mahesh Yogi, el mismo padre de la meditación transcendental conocida también con sus siglas TM. Maharishi es más conocido por su encuentro con los Beatles a principio de los setenta. Dicho encuentro con la India entre otras canciones inspiró *My Sweet Lord,* cuyo coro decía *Hare Krishna, Hare, Hare.* La relación de los Beatles con el Maharishi al final terminó empañada de rumores, pero en su defensa algunos alegan que en muchos aspectos fue la salvación del grupo. Al menos les ayudó a hacer un cambio hacia la meditación, como un modo más sano de encontrar experiencias espirituales.[5]

Antes de invitarlo a Puerto Rico quería conocer al doctor Chopra y viajé para participar en un taller que estaba impartiendo en un hotel en Arizona, que se llamaba «Seduction of Spirit» [Seducción del espíritu]. El seminario de varios días consistía en charlas sobre el Ayurveda, los beneficios de la meditación y su libro *Las siete leyes espirituales del éxito.* Recuerdo otras sesiones donde también aprendimos acerca de una técnica que utilizaba un mantra, asignado especialmente, que debíamos repetir como parte de una meditación, y que era sin duda una versión de la meditación transcendental, similar a la que su antiguo gurú Maharishi había popularizado.

Haciendo honor a su libro, el evento en Puerto Rico fue todo un éxito y a él asistieron desde amas de casa hasta médicos. El doctor Deepak Chopra popularizó, por medio de sus libros, la meditación y la habilidad espontánea de la sanación del cuerpo-alma. Además de promover las técnicas del Ayurveda, Deepak llevó la teoría cuántica al conocimiento popular. Pienso que para el crédito de Deepak, algunas de esas propuestas hoy no suenan tan improbables. Tras varios experimentos científicos importantes dignos de una película de ciencia fic-

---

5. Allan Kozinn, «Meditation on the Man who Saved the Beatles», *The New York Times,* 7 de febrero de 2008. www.nytimes.com/2008/02/07/arts/07iht-07yogi.9826732.html

ción, no es extraño decir que la información viaja más rápido que la luz y que el electrón es sólo una probabilidad. A simple vista pareciera que la comunicación de estas partículas a distancia se vincula a la no localidad de la conciencia de la que tanto habla Chopra. No es casualidad que estas teorías sean conocidas en los círculos científicos como el «efecto fantasma».

Sus teorías, sin duda, han ayudado a mejorar la vida de muchas personas. Coincido con las palabras del doctor Chopra sobre la observación del comportamiento de una célula, en la que podemos ver la increíble capacidad inteligente de organización de la naturaleza. Repito las palabras que se atribuyen a Albert Einstein, «Quiero conocer los pensamientos de Dios; todo lo demás, son sólo detalles».

Muchos atribuyen a los Beatles la influencia del hinduismo en Estados Unidos, pero los escritos de Ralph Waldo Emerson y su escuela del transcendentalismo, fundada en 1836 junto a Henry David Thoreau y Walt Whitman, originalmente comenzaron el torrente imparable de la filosofía de Oriente en Occidente. *Compensación*, de Emerson, ya habla sobre la ley del karma, influenciado por sus estudios de los Vedas y los Upanishads (libros sagrados de la India). La vedanta occidentalizada ha inspirado más movimientos y libros de autoayuda de lo que podamos imaginar.

Según un estudio, desde 2007, el número de personas que se identifican como cristianas ha mermado en un importante porcentaje. Una gran cantidad de ellas no visita un solo lugar de adoración, sino varios. Stephen Botero, profesor de religión de la Universidad de Boston, llama a este fenómeno la «religión de la divina deli-cafetería…, se trata de utilizar lo que funcione, sea misa o yoga», dice el profesor.[6]

Se resalta la individualidad, los individuos quieren ser libres en su búsqueda y en su relación con Dios, sin ritos ni instituciones, lo que les aleja de la religión organizada, al tener una relación personal y directa con Dios sin necesidad de burocracias. Muchas personas que estudiaron en la universidad ya no creen que la Biblia deba interpretarse

---

6. Lisa Miller, «U.S. Views on God and Life are Turning Hindu», *Newsweek, Culture*, 14 de agosto de 2009. www.newsweek.com/us-views-god-and-life-are-turning-hindu-79073

literalmente, ni que Dios sea un hombre con barba en el cielo. Buscan otro lenguaje para describir a Dios, uno que sea más abarcador e inclusivo. El hecho de estar expuestos a otras culturas a través de la inmediatez que proporcionan los medios de comunicación ha sustituido el absolutismo por la curiosidad y la tolerancia, y hoy es difícil creer que sólo los cristianos van al cielo. Nos hemos rebelado desde una «teocracia» hacia una democracia sideral.

Aparte de los libros de filosofía oriental y de la proliferación de los templos budistas y sus gurús, así como del yoga, los números no mienten: una cuarta parte de los americanos ya no creen ni en el cielo ni el infierno.[7] Muchos de ellos tienen una idea diferente del cristianismo sobre la vida después de la muerte, ya que la cuarta parte cree en la reencarnación (más los jóvenes) y otra parte practica la meditación. También morimos como los hindúes: en el cristianismo, el cuerpo es parte de la creencia de la resurrección de los muertos, pero la mayor parte de las Iglesias han aceptado que incineremos los cuerpos como en la India. Mientras que en la India se practica la incineración como un modo de liberar al alma de la materia que la atrapa, nosotros usamos la cremación por todo lo contrario, por estar más apegados a la materia, ya que, curiosamente, la mayoría lo hacemos porque la incineración resulta más económica que pagar un entierro.

El secreto de todo

«Gu» significa 'oscuridad' y Ru, 'luz', así, gurú es aquel maestro que lleva al discípulo de la oscuridad a la luz. En California, ya había sido expuesta a algunos gurús de la India. La meta de muchos peregrinos es encontrar su gurú vivo o muerto, porque, según la tradición, aun desde la otra vida puede seguir guiando a sus estudiantes hacia la iluminación. La mayoría buscaba activamente a un gurú y lo hacía visitando los diferentes *ashrams* que estaban de moda. ¿Quién no ha leído *Auto-*

7. Pew Forum, Views on the Afterlife, 23 de noviembre de 2021. *Majorities of U.S. adults say they believe in heaven, hell.* www.pewresearch.org/religion/2021/11/23/views-on-the-afterlife/

biografía de un yogui, de Paramahansa Yogananda? En Los Ángeles, su *ashram* era mi lugar predilecto para contemplar el atardecer más espectacular del oeste de Estados Unidos. Es un jardín celestial en lo alto de las montañas en la avenida Pacific Palisades que tiene una hermosa vista panorámica del Pacífico. Yogananda Paramahansa no sólo influyó en nuestra espiritualidad, sino también en la tecnología. Steve Jobs, el padre de iPhone, antes de morir dejó instrucciones para dar una copia del popular libro de Yogananda como último regalo a todos los que asistieron a su funeral, que fue entregado en una pequeña caja de color marrón. Mirar hacia el interior, fue el mensaje que Steve Jobs descubrió en la India, y que luego dejó a sus amigos como un último *adiós*.[8]

El día que conocí a mi gurú

Nunca había conocido a un yogui en persona y tampoco se me había ocurrido buscarlo. Esto cambió una noche a principios de los años noventa, cuando un amigo de la India que se dedicaba a los negocios me invitó a una cena privada dedicada a un amigo de su familia, a quien él describió como un santo de su país. Mis amigos eran una familia conservadora y tradicional de la India. Esa noche de estrellas, su hogar se vestía de bellos saris en colores brillantes y la brisa fresca nos arropaba junto a un aromático olor a curry que emanaba de su cocina. Nos sentamos sobre sábanas blancas en el piso como es costumbre en la India, los hombres a un lado, las mujeres al otro, con la música de tambor, panderetas y campanas acompañando mantras y canciones en hindi, incluyendo la conocida *Hare, Hare*. De pronto se produjo un extraño silencio, miré hacia todos los lados, algo diferente se presentía en el ambiente.

En ese momento entró en la sala un ser vestido con una túnica blanca, no era muy alto, pero tenía la presencia y la luz de un gigante.

---

8. «El último regalo que Steve Jobs dio a sus amigos y familia fue un libro sobre la autorrealización» Alyson Shontell, 11 de septiembre de 2013, Business Insider. www.businessinsider.com/steve-jobs-gave-yoganandas-book-as-a-gift-at-his-memorial-2013-9

Casi vi luces a su alrededor. Mis ojos quedaron fijos en los suyos, que se perdieron y se reencontraron en su alma. Era admirado por sus discípulos, pero su humildad escondía una persona venerada en su país.

Más tarde vi a gurús más conocidos besarle los pies, como se acostumbra a hacer en su tierra. No era la imagen del gurú de pelo largo y barba que acostumbraba a ver en Los Ángeles. Tenía la piel color canela, el pelo corto y su cara del todo afeitada.

Siempre se comportó impecablemente, nunca me pidió dinero, jamás me intentó manipular ni controlar, no negociaba con productos ni vendía mantras. Realmente, era muy admirado, lo que comprobé una vez que lo acompañé junto a sus seguidores a un importante congreso interreligioso mundial, donde pude ver cómo otros líderes muy reconocidos lo veneraban besándole las sandalias.

Mis encuentros con este gurú sucedieron intermitentemente durante más de una década. Recuerdo que un día, sentada a sus pies, me relató unas bellas historias sobre sus experiencias con su propio gurú en la India, cuando todavía vivía. Le pregunté si para llegar a la iluminación necesitaba tener un gurú. Me respondió que no era una condición, pero que para él hubiera sido muy difícil hacerlo solo. «El mundo es una ilusión en la que necesitamos una guía de luz para ver en la oscuridad», fueron sus palabras.

Yo no lo consideraba tanto como un gurú, sino como un guía espiritual, porque para un hindú, un gurú es mucho más que un líder y un maestro: tiene el poder de mostrar el camino y ayuda, según su tradición, en el manejo sobrenatural del karma, o sea de las consecuencias de las vidas pasadas.

Para compartir con otros necesitamos aprender a respetar sus costumbres y protocolos. En una ocasión se me olvidó que era un gurú, cuando como todo caballero, Dada me dejó pasar antes que él, y yo inocentemente acepté bajo las miradas de desaprobación de quienes lo acompañaban cuando se suponía que jamás debía adelantarme a sus pasos. Tampoco podíamos sentarnos ante él ni la planta de nuestros pies señalar en su dirección.

A veces recibir la guía formal de un gurú conlleva una iniciación, pero éste no era el caso con Dada, jamás me pidió que lo aceptara como gurú. Dada, realmente, decía no estar afiliado a ninguna religión y sus lecciones podían incluir tanto a Jesús como a Gandhi.

Un día le pregunté:

—¿Cómo reconoció a su gurú?

—El gurú llega cuando el discípulo está listo. Él escoge al discípulo, no lo contrario. En mi caso –siguió explicando–, mi propio gurú me hizo una gran demostración, diciéndome un día que mirara al cielo. Ese día el sol estaba resplandeciente.

A continuación, Dada relató que el gurú le preguntó si era de día o de noche, a lo que él respondió que, por supuesto, era de día. Su gurú le aseguró que estaba equivocado, que mirara de nuevo al cielo, porque era de noche. Me relató cómo cuando miró de nuevo al cielo, para su sorpresa, se había tornado de noche. La lección era que el gurú le aceptaría cuando confiara más en él que en sus propios ojos. Era una metáfora, porque Dada no acostumbraba a hacer alarde de demostraciones milagrosas y, a pesar de la adulación de sus devotos, siempre insistía en que era una persona normal, aunque sí fui testigo de algunas de sus peculiaridades. Entre otras cosas, cuando me quedé embarazada, predijo que tendría una niña que sería muy especial. Lo es.

En la India, se practica dar un nombre en hindi al seguidor, el mío fue Angeli; luego aprendí que ese nombre en sánscrito significa «regalo u ofrenda». En ese momento no me atreví a aceptar este nombre, porque era el propio nombre espiritual de Dada, y sentía que no me lo merecía. Hoy ese nombre espiritual lo guardo en el corazón. En otra ocasión, también me habló sobre mis vidas pasadas en la India, eran siete me dijo.

En ese momento yo era una persona abierta, pero me consideraba católica y, aunque no me convertí al hinduismo, tengo que reconocer que en ese momento de sequedad espiritual las lecciones de Dada fueron más efectivas para acercarme a Dios que las de ninguna otra religión o persona.

Hoy en día, no promuevo la reencarnación, pero tampoco descarto la posibilidad de la existencia de la multidimensionalidad que trasciende este mundo y la naturaleza ilimitada del universo, así como nuestra incapacidad de comprenderlo, a fin de cuentas, la eternidad es un lugar fuera del tiempo. Creo que cada religión posee su propio lenguaje para describir lo que no tiene explicación y nuestro lenguaje de tercera dimensión es limitado. También creo firmemente que el cielo es mucho más que un espacio azul con nubes, al final el mismo Jesús dijo: «En la casa de mi Padre, existen muchas moradas».

Los cristianos creemos en el cielo, esa otra dimensión donde nos encontraremos con nuestros seres queridos. Nos llena de esperanza saber que existe una continuación. La conciencia de la transcendencia de los que viven al otro lado del velo de la eternidad me da paz, y sigo orando por ellos.

En el judaísmo igualmente existe una variedad de creencias sobre la vida después de la muerte y sus seguidores respetan las enseñanzas de su tradición, como los escritos de la Torá que mencionan la vida después de la muerte.

Yo respeto incluso a aquellos que no creen en la vida eterna, que igualmente se esfuerzan por hacer el bien en el ahora, sin esperar una recompensa en el futuro y que tampoco están motivados por evitar las llamas del infierno. Al final. ¿Quién es más honesto?

Varias culturas indígenas también viven en conexión con sus ancestros al otro lado de ese velo. Recuerdo una ceremonia en la que participé en Hawái con un grupo de sanadores nativos de Maui, donde al lado del rugiente mar y al amanecer, tras mirar hacia los cuatro puntos cardinales, nos invitaron a honrar a nuestros ancestros.

Si con el budismo aprendí muchas cosas sobre la mente, tengo que decir que con el hinduismo aprendí a manejar las emociones. Mi gurú había escrito un manual sobre cómo eliminar el miedo y la ira. Un consejo práctico, que no seguí, era: nunca te enojes al mismo tiempo que tu pareja. A diferencia de otros maestros, sus lecciones eran consejos simples y prácticos de la vida común, además de ser un ejemplo de servicio y devoción.

Siempre he tenido la habilidad de compartir mi espiritualidad con personas de diferentes creencias. Simplemente pensaba que yo oraba a mi concepto de Dios mientras ellos oraban al suyo, esto también me sucedió con el budismo; mientras ellos cantaban a Krishna o se refugiaban en Buda, yo cantaba a Jesús.

Una bella lección de Dada, que no olvidaré jamás, era que aconsejaba no hacer nada sin contar con Dios. En una ocasión, me contó una historia sobre la persona más exitosa que él conocía, un hombre de negocios que tenía una oficina para Dios. En esa oficina había un escritorio con una silla vacía para Dios y otra al frente para él. Antes de tomar una decisión entraba en la oficina, se sentaba al lado opuesto del escritorio y se imaginaba que hablaba con Dios.

No me siento lo suficientemente capacitada para hablar por extenso del hinduismo, pues existen tantas variantes de su filosofía, como creyentes y, aunque posiblemente sólo obtuve un pequeño destello de esta filosofía ancestral, con él aprendí la devoción y la aceptación, y más tarde obtuve la lección más importante, esa que me llevó años entender porque era demasiado simple para mi intelecto curioso y arrogante.

—¿Existe algún secreto para ser feliz? –le preguntaba a Dada, casi una década más tarde de nuestro primer encuentro.

—No hay secreto alguno –me decía–. Dios es el secreto, Sharon.

Un mantra que adopté de él fue: «No estoy sola, Dios está conmigo». En el hinduismo se cree en Dios, que curiosamente también es una trinidad, aunque no igual a la cristiana. Para el hindú, Dios es personal e impersonal a la vez, y su filosofía te explicará que su aparente politeísmo refleja en realidad a un solo Dios, pero representado de diferentes maneras. A pesar de las diferencias, y sin el gurú saberlo, fueron sus palabras las que más tarde me llevaron a un nuevo entendimiento, de esos que suceden cuando pasamos de un grado a otro, como el día en que aprendes a leer mientras que antes sólo podías ver las letras.

El gurú me mostró que la aceptación no es sumisión, sino que es la cooperación voluntaria y activa en el plan de Dios. La vida se me hubiera hecho más fácil si hubiera comprendido lo que era entregar la voluntad a Dios en ese momento, pero no fue hasta que me reencontré con el cristianismo cuando comprendí su verdadero significado.

Lo que me atraía del hinduismo en esa época era que me mostraba a un Dios que estaba más allá de descripciones y dogmas. Se buscaba a Dios en la experiencia personal y en el silencio. En vez de preguntar: ¿Qué es Dios?, se preguntaba: ¿Qué no es Dios? La respuesta del Advaita Vedanta (libro sagrado del hinduismo) sobre la explicación de la naturaleza de Dios es *Neti neti*, que en sánscrito significa: «No es esto, tampoco es aquello». Como para el hinduismo Dios es el «todo», y no hay nada que no sea Dios, el resultado positivo de su universalidad es que todo igualmente resulta sagrado, digno de amor, vida, luz, admiración y respeto.

Es una creencia a la que hoy le encuentro sentido, pero en aquel momento era contrario a lo que había aprendido originalmente sobre un Dios lejano, desconectado e inalcanzable. Más tarde aprendí que, aunque en el cristianismo Dios no es considerado un todo, no es panteísmo sino panenteísmo: Pablo en Hechos menciona que Dios todo lo sostiene, «porque en Dios vivimos y nos movemos»; una creencia que me ha cambiado la forma de ver el mundo, al percibir a Dios como una unidad. Esta idea de unidad también adquiere sentido con la explicación de la ciencia y los átomos, pues al final no estamos separados, porque no existe nada fuera de Dios. Si Dios es omnipresente, está en todas partes, y no parado frente a mí, sino que también vive en mi interior.

Este laberinto de cosmología sería mejor explicado más tarde por un teólogo del cristianismo bizantino que casualmente había vivido en la India. Estoy segura de que malinterpreto el hinduismo de la misma manera que algunas veces tergiversamos nuestro propio cristianismo. Es lo que hacemos en Occidente, tomamos el hinduismo y lo cristianizamos, y viceversa. Al final, quién puede describir con palabras lo que no tiene forma. Es una receta para tantas confusiones, malas comunicaciones e intolerancia.

Sólo puedo asegurar que lo que tenemos en común con otras religiones es mucho más que lo que nos separa. Igualmente comprobé que muchas de las descripciones hermosas sobre Dios que antes encontraba en el hinduismo dormían escondidas tras de las puertas cerradas del dogma de mi propia religión, pero que, bajo la culpa y el miedo al castigo, no lograba verlas.

La vida es muy extraña. Tras morir mi abuela, pasaron muchos años antes de que tuviera el valor de entrar en su casa nuevamente. Un día regresé y, cuando entré en su cuarto, que se había quedado congelado en el tiempo, me sorprendí al encontrar correspondencia de la organización de Paramahansa Yogananda entre sus cartas privadas. ¡Mi abuela también tenía su gurú, y sin saberlo era el mismo que yo visitaba en Los Ángeles! Lo que se hereda no se hurta.

No todos los gurús son iguales y, como en todas las religiones, ocurren escándalos. Todos hemos oído historias de personas que han sido timadas al pagar cientos de miles de dólares a cambio de la iluminación. Hace poco estuve en Nueva Delhi y en el aeropuerto conocí a un grupo de americanos que me contaron muy felices que habían pagado decenas de miles de dólares por asistir dos semanas de lecciones de iluminación con un gurú. La conversión de dólares americanos en rupias era una locura. Trataron de convencerme tan efusivamente como yo lo estuve en los años en que asistía a seminarios de potencial humano. Igualmente, horas de trabajo forzoso, repeticiones de mantras, pocas horas de sueño y falta de comida son las condiciones perfectas para convertirse en víctima de un buen lavado cerebral, pensé. Me hablaron de experiencias suprasensoriales como la prueba de cómo aumentaba su nivel de conciencia, a las que yo catalogué como un probable delirio causado por la falta de azúcar en la sangre o un exceso de oxígeno en el cerebro, todo ello causado por las respiraciones forzadas. Cuanto más sube el nivel de conciencia, más baja la cuenta bancaria, fue mi conclusión.

Muchos líderes utilizan la misma historia de expiación e iniciación sexual sagrada para atrapar a sus víctimas y, lamentablemente, los niños y las mujeres son los más vulnerables. La definición de un gurú en Occidente equivale a cualquier persona que logre que lo sigan. He oído hablar de personas que no son de la India, pero que se autodenominan gurús, e igual repiten la misma fórmula localmente.

Por desgracia, las creencias religiosas de Occidente no están exentas de estas prácticas de cultos y manipulación, como vemos en algunas Iglesias.

En la India se cuentan casos de seres espirituales que han llegado a tener experiencias que no pueden ser negadas y que, cuando las comparas, no son muy diferentes de las que han tenido algunos de los místicos y santos occidentales.

Las personas de la India que conocí eran conservadoras. Estaban muy lejos de vivir en una comuna como las visiones de *ashrams* llenas de incienso que se han propagado. Viven aferradas a sus tradiciones, y sus valores principales son la familia y el trabajo. Sus integrantes en Estados Unidos poseen un alto nivel educativo y proceden de familias acomodadas. Es posible que tu neurocirujana estadounidense sea de la India.

Lo más extremo que adapté de la India fue el vegetarianismo. Influenciada por las lecciones del gurú sobre la compasión hacia los animales y la práctica del desapego y el manejo de los deseos, un buen día le dije a mi esposo: «Tengo que hablar contigo...».

Él me miró con desconfianza, como pensando: Y ahora qué se trae entre manos mi querida esposa». «He decidido que voy a ser vegetariana; desde hoy, nada de animales», le dije.

Mi esposo, que era un amante de la carne y de los buenos restaurantes, no reaccionó bien a mi nuevo estilo de alimentación, a pesar de ello, durante casi una década me convertí en vegetariana.

En la actualidad, ser vegetariano se considera chic y moderno. En casi todos los restaurantes tienen un menú vegetariano, y muchas celebridades escriben libros sobre sus dietas veganas. Pero por aquel entonces el vegetarianismo era totalmente incomprendido en todos los lugares a excepción de Los Ángeles, Sedona, Boulder, Portland o Austin.

En los buenos restaurantes me limitaba sólo al menú de los «acompañantes». Sobreviví con patatas, pasta y sustitutos de carne de soya, y mi pobre hija también. Y no sólo eso, ser vegetariana me concedía un estatus de superioridad que utilizaba para subir mi ego; volvía locos a los pobres meseros:

—¿Está seguro de que esta salsa no contiene leche, gluten, caldo de animal, queso, huevos, etcétera, etcétera?

Nuestras amistades, ya sin paciencia, desviaban la mirada.

Un día, el gurú, al ver que había inflado mi yo, me bajó del pedestal del vegetarianismo cuando me dijo:

—Ser vegetariano no te hace santo. Adolfo Hitler era vegetariano.

En ese momento, a pesar de ser vegetariana, mi alimentación no era la mejor, y un buen día, cuando la palidez y la falta de energía me vencieron, sorprendí a todos en el restaurante al pedir un buen pedazo de carne, el cual me sentó de maravilla. Aparentemente, una década de privar de proteína animal a mi sistema carnívoro con DNA alemán y español no afectó a la memoria de mis enzimas para digerirla. Igualmente, un pedazo de carne roja fue el rito de iniciación de mi hija a la adolescencia; lo hizo con la complicidad de su papá. Con el paso del tiempo he vuelto a comer más vegetales que proteína animal. Hoy busco el bienestar de mi cuerpo y no la moda de las dietas, que varían según el próximo *best seller* de recetas para perder peso.

Entre los autores conocidos de autoayuda de los años noventa que promoví por medio de eventos figura Marianne Williamson (quien se presentó como candidata en las elecciones presidenciales de 2019). A ella la invité a Puerto Rico en esos mismos años, para la presentación de su libro *Volver al amor*, un clásico *best seller* de la espiritualidad, que recomiendo. Ese día impartió un lindo mensaje a un grupo compuesto mayoritariamente por mujeres, ella sin duda tiene la habilidad de inspirar y empoderar a la mujer. Después de la charla, almorzó con nosotras.

Una década más tarde, coincidí con Marianne en un ascensor en Costa Rica, donde se presentaba en una convención por la paz junto a otros líderes. Es una mujer muy sensible y compasiva, no muchas personas conocen que en los años ochenta, y en medio de la crisis del sida, fundó un importante programa de comidas para indigentes llamado «Project Angel Food», que ha servido más de 9 millones de platos a los necesitados durante más de 25 años.[9]

Yo por aquella época estaba atravesando un momento difícil a causa de mi inminente divorcio y le pedí a Marianne que rezara una oración por mí. Ella, muy amable y sin pensarlo dos veces, lo hizo. Unos años más tarde le envié el manuscrito de mi primer libro que publiqué, y también accedió a escribirme un endoso en él. Siempre se lo agradeceré. Hace pocos años la encontré abogando por los niños inmigrantes

---

9. https://marianne.com/project-angel-food-celebrates-25-years/

retenidos a causa de las terribles políticas, cuando estábamos protestando al sur de Miami.

Marianne es también conocida por ser una exponente de las lecciones de *Un curso de mila*gros.[10] Aunque no es cristianismo clásico, sus lecciones y lenguaje que incluyen palabras conocidas del cristianismo lo hacen popular.

La mayor aportación del Nuevo Pensamiento ha sido, entre otras cosas, occidentalizar las lecciones de Oriente y con ellas traer un poco de esperanza, cambiando la creencia de que el sufrimiento es la única manera de alcanzar la espiritualidad.

Cualquier filosofía, o religión, puede dogmatizarse y causar confusión. Tuve un conocido que era un fanático de la creencia literal «nada es real», y lamentablemente observé cómo su sistema límbico de «lucha o huida» se atrofió y perdió la capacidad de discernir o reaccionar, como cuando un grave problema se le acercaba. Cuando la creencia *todo es un juicio personal* se llega al extremo de la negación al decir «cancelo» o «esto no existe», no siempre funciona. Tus pensamientos no crean todas las cosas, pero el negarlas, seguro que empeora cualquier situación que no se atienda en tiempo real.

Tras observar tantos caminos y emplear algunos de sus métodos, como la meditación, el hipnotismo, la afirmación y los decretos, junto a las lecciones de El Secreto y las canalizaciones de ángeles o maestros ascendidos, considero que el peligro está cuando la lección se lleva del positivismo hacia la superstición, cuando se alteran los estados de conciencia o se invocan los mensajes de espíritus y guías del más allá, exponiendo algo tan delicado como la mente. Cuando escucho que alguien asegura que es la reencarnación de un ser ilustre, o cuando un libro invita a invocar a un guía del mundo de los espíritus, aparece una bandera roja. «Ya he visto esto antes», me digo. En ese momento es preferible ser un poco escéptico que demasiado confiado. La espiritualidad sin discernimiento es un camino que puede fácilmente desviarnos hacia la oscuridad y nos puede llevar a situaciones extremas.

---

10. Libro de 365 lecciones escrito por la psicóloga Helen Schucman, quien afirmó que el libro le había sido dictado palabra por palabra, a través de una voz interna, que ella identifica como Jesús.

El milagro de la vida

Mi iniciación más importante no fue en un culto, sino en la maternidad. Tenía una lucha interna con la idea de ser madre. A mis treinta y seis años pensaba que había escapado ilesa del yugo de la maternidad. Alardeaba de mi percibida independencia producto del feminismo de la época viviendo en Nueva York; me consideraba una persona libre, que no necesitaba ser madre para ser una mujer completa.

Pensaba que mi vida ya estaba llena; me bastaba con el matrimonio, con la organización de seminarios de autores y con mi fábrica de ropa. Esto cambió cuando repentinamente quedé embarazada a los cuatro años de casada. Me convencí de que era un total accidente. Realmente la maternidad no era una meta que tuviera en mi vida, aunque no la descartaba, en realidad, la postergaba indefinidamente, como buscando que se me acabara el tiempo para que llegara el día en que pudiera decir: «Vaya, se me hizo demasiado tarde». Era de esas personas a las que no le agradaban los bebés, mejor dicho, les temía. Mis amigas llegaban con sus bebés y yo los miraba de reojo con una media sonrisa, pero no se me ocurría pedírselos para mantenerlos en brazos.

Quería a los hijos de mi esposo, pero realmente no tenía referencia de cómo ser mamá, quizás tenía miedo de terminar siendo la copia de mi propia madre, y ese pensamiento era suficiente para cancelar cualquier idea de ser mamá; quería evitarle ese sufrimiento a mi propio hijo. Aquel día que miré el signo de la cruz en la prueba de embarazo estaba segura de que era una profecía:

«Oh no, es el símbolo de una verdadera cruz», pensé.

Lloré durante todo el día.

Quizás las hormonas tuvieron algo que ver, pero desde ese momento en adelante me propuse ser una madre ejemplar, de tal manera que terminé volcándome en un nuevo rol donde la prolactina y la oxitocina segregada por la lactancia fulminaron por siempre mi arraigado feminismo. Hoy en día, curiosamente, mi única lamentación es no haber tenido un hermano o una hermana para mi hija Gabrielle.

Reflexionando sobre mi rol como mamá, tengo que aceptar que no fui una madre convencional. En ese momento, o estaba adelantada a mi tiempo o deseaba regresar al pasado, porque sólo quería dar a luz de la forma más natural posible, lo que no era una posibilidad en mi isla.

Existe un fenómeno natural que ocurre unas semanas antes del parto que se llama instinto de anidación o *nesting*; es ese momento en que la madre busca un lugar ideal para tener a su hijo. En los humanos la búsqueda de un nido puede presentarse como una necesidad de preparar, limpiar, recoger, botar o guardar cosas. En mi caso, necesitaba encontrar un lugar donde me sintiera segura y sobre todo libre. El único lugar donde tenía la posibilidad de dar a luz en el agua, sin exponer mi seguridad, era en un centro frente al mar en Key West (Florida). La clínica se encontraba a cinco minutos del hospital, y estaba atendida tanto por médicos como por parteras. Cuando vi que la habitación era normal como la de cualquier hotel, sin estribos en las camillas, sabía que había llegado al lugar perfecto. Ochenta días antes de la fecha pronosticada para el parto, me mudé en contra de todos en mi casa. «¡Es una locura!», me decían, pero yo estaba feliz de dar a luz a mi manera, sin separaciones del bebé ni intervenciones invasivas.

Alquilamos una casa con lindos balcones. Dejé los negocios y durante dos meses me dediqué a prepararme para la maratón de un parto sin medicamentos. Tenía una gran disciplina, me dedicaba a nadar a diario, a comer saludable y a tomar clases de lactancia. Cada tarde me iba a caminar y aprovechaba para enviar a mi bebé cada rayo de sol del espectacular atardecer de Key West (Cayo Hueso), que se halla a ciento cincuenta kilómetros de Cuba, en la parte más al sur de Estados Unidos. Transcurría el mes de octubre y se sentía una brisa cálida. Tengo vivos recuerdos de esos días de espera cuando mi esposo me visitaba, el amor estaba en el aire, lo recuerdo como uno de los momentos más hermosos.

Los domingos asistía a una iglesia Unity, pero mi religión en ese momento eran los libros de William Sears y su filosofía de la «crianza con apego». Gracias a lo que aprendí, buscaba tener un parto compasivo, con una *doula* y mi familia.

En ese momento nunca imaginé que unos años más tarde conocería a quien descubriría y propagaría el concepto de la *doula*,[11] el doctor

---

11. *Doula:* persona capacitada para brindar apoyo físico y emocional a las mujeres durante el embarazo, el parto y el posparto.

Marshall Klaus, que me mostró un gran ejemplo tanto en su matrimonio como en la pasión del propósito. Su estudio junto al doctor John Kennell había sugerido que los seres humanos teníamos un momento de apego importante justo a la hora después del parto. Este hombre revolucionó las prácticas en los hospitales con uno de los Diez Pasos del Hospital Amigo del Niño de UNICEF. Ese paso recomienda en lo posible no separarse del bebé y disfrutar de un momento especial de piel junto piel justo después del parto.

El doctor Klaus vivía en Berkeley (California) con su esposa Phyllis, un matrimonio incansable que tenía una misión en común. Durante décadas, las madres se han visto separadas de sus bebés y éstos han sido alimentados con leche artificial debido a que las farmacéuticas promueven la fórmula hecha con leche de vaca como un alimento superior, pero gracias a ellos y a UNICEF, esto cambió. Luego yo misma sería miembro de su junta y promovería esta causa durante años. Al compartir su misión, me convertí en una promotora de la lactancia y de todo lo natural, lo que me llevó a trabajar durante dos décadas a favor de esta causa. Parece mentira que la maternidad no se maneje de manera natural, sino que lamentablemente sigue siendo bastante medicalizada.

Nunca sabemos dónde nace un propósito, pero siempre llega gracias a nuestras experiencias, las cuales pueden ser muy positivas o negativas, pero de todas se puede aprender y a partir de todas podemos enseñar.

Una mañana soleada me levanté con bastante dolor, era una semana antes del día asignado para el parto. Mi esposo no se encontraba conmigo y mi bebé estaba al revés. No podía creer que después de tanta preparación al fin terminara en un hospital convencional. No me atrevo a recomendar a todos mi experiencia de parto y no hay garantías, pero en mi caso, el consejo de la partera para voltear a mi bebé funcionó junto a unos masajes especiales.

—Sharon, relájate, tómate una copa de vino, respira profundamente y háblale a tu bebé.

Es probable que esta conversación figure como la primera de tantas discusiones que mi hija y yo tendríamos en el futuro, aunque todavía no había nacido.

«Bebé, necesitas esperar a tu papá, no puedes nacer hasta que llegue, ah y sé que estás muy cómoda sentada, pero necesito que por favor cambies de posición», le dije a mi hija.

Fue mi primera práctica como mamá; funcionó. Justo el día que había calculado el médico, comenzaron las contracciones, estuve bastantes horas en la bañera especial tomando un ponche de frutas, que aunque sin alcohol, era la versión *happy hour* del suero médico. No fue un paseo, no hay tal cosa como un parto sin dolor; los dolores eran intensos y tengo que admitir que, si no hubiese sido por mi esposo, probablemente me hubiera rendido a la sedación. Cuando estaba a punto de rendirme, mi esposo me confrontó con toda seriedad:

—Después de todo este trabajo, sería el colmo que no tengas un parto natural... —me reprochó.

—¿Y quién está pariendo, tú o yo? –le respondí a causa de la adrenalina maternal.

Realmente estuve a punto de sucumbir a los narcóticos. Le agradezco su intercesión.

En la habitación había todo un equipo de resucitación, doctores, parteras, monitores y ambulancias, pero gracias a Dios no a mi vista. Cuando me amenazaron con romper la placenta con una larga aguja para acelerar el parto, se terminó la paz y saqué a todos de la habitación con gritos y malas palabras. Retomé mi poder, me puse de cuclillas y en unos minutos corrí a dar a luz dentro de la bañera, donde mi esposo recibió a la bebé. Esto no lo hubiera podido hacer en un hospital normal con sus camillas con estribos, pero de todos modos con mis gritos y mal humor seguramente me hubieran trasladado al piso de psiquiatría.

Gracias a Dios todo salió bien, porque me negaba a dar a luz en un hospital. «No estoy enferma», me decía. El parto, al igual que la muerte, es un momento mágico en el que las puertas del cielo se abren. Pienso que en ese momento la mujer tiene un vestigio del cielo, es por eso por lo que, cuando todo termina, el dolor se olvida, pues representa una especie de muerte a quienes éramos antes de ser mamás. Dar a luz es una definición muy acertada. Desde ese momento ya no seremos las mismas, hemos participado junto a Dios en el milagro de la creación. Esa misma noche, cuando mis palpitaciones volvieran a la normalidad, regresé a casa con mi hija.

Gracias a esa experiencia, mi mundo cambió y durante muchos años me volqué hacia los bebés y sus madres. Quería compartir la maravillosa experiencia de procrear un hijo. Tuve suerte de contar con todo el apoyo necesario para tener a mi bebé; por lo general, la sociedad penaliza la maternidad tanto económica como profesionalmente.

Tener hijos no está de moda. Acabo de leer un comentario feminista donde se dice que «tener muchos hijos empeora el problema del cambio climático». Muchas jóvenes, en medio de un mundo que parece no tener salida, prefieren no tener hijos, aseguran que para no exponerlos a los peligros de este mundo. Las comprendo. Por ese motivo debemos cambiar la creencia de que una mujer embarazada es un problema que necesitamos resolver y comenzar a ver la maternidad como una celebración que debe ser protegida. La sociedad moderna ha tenido el efecto de minimizar la motivación de las mujeres para ser madres. Los costos de un nuevo hijo, desde dar a luz, hasta la universidad, no tienen sentido, lo que tal vez explique por qué una mujer que se queda embarazada en esta parte del mundo puede sentirse incapaz de criar a su bebé.

La mujer se siente presionada tanto por las agendas de corporaciones que se benefician de sus elecciones económicamente, como por algunos movimientos políticos y religiosos. La realidad es que la cultura en general, incluyendo la mayoría de las compañías y de los gobiernos, no tienen como prioridad apoyar a una mujer embarazada ni a su familia, y mucho menos a su hijo después de nacido.

Entiendo cómo la cultura y los intereses económicos pueden interponerse en el proceso natural de una mujer. Mi primera incursión en el mundo editorial no fue un libro de espiritualidad, sino una revista para mamás sobre la lactancia, que edité junto a varios profesionales desde el año 2005.[12] A cambio de la supuesta libertad de la mujer, las compañías de fórmulas de leche para bebés, desde su inicio, han suplantado el derecho de la madre a amamantar naturalmente, por medio de un alimento artificial, que en vez de ser la excepción, se convirtió en la norma.

Yo era incansable impartiendo información sobre educación, alimentación y espiritualidad por medio de talleres, escritos e invitados

---

12. Esa revista se halla en formato digital: http://bebenatural.com

especiales que enseñaban una nueva manera de ver las cosas. Mientras mi hija iba creciendo, cada reto se convertía en una lección que necesitaba compartir. Ésta ha sido la historia de mi vida. Fui criticada en mi casa porque, aunque no trabajaba formalmente, no dejaba de sentir esa obsesión innata de ayudar, despertar, desear cambiar el mundo.

El propósito no se presenta como uno solo. La vida es como un libro abierto que está compuesto por muchos capítulos. La diferencia es que en la vida, nosotros, los actores principales, tenemos la oportunidad de interpretar muchos personajes, con diferentes ropas, gustos y hasta con varios roles.

En ese momento significó un gran reto para mí abandonar mi trabajo y la imagen cultural arraigada de mujer independiente, a cambio de convertirme en un ama casa. No fue una decisión sencilla. Recuerdo que incluso necesité ayuda profesional en la transición de elegir entre mi rol de ser mamá a tiempo completo o el de mi vida como profesional. En ese tiempo estaba de moda utilizar un *coach* para ayudarnos en la meta de subir la escalera corporativa, yo en cambio necesitaba ayuda, pero para hacer todo lo contrario: bajar de la escalera y luego salir de la «carrera». Con el *coach* aprendí que una de las herramientas más eficaces para tomar una decisión cuando no se puede elegir es hacer una fría lista de los pros y los contras. No tenía excusa, económicamente podía quedarme en casa, pero hasta ese momento no sabía cuán identificada me sentía con mi rol de mujer de negocios.

Cuando estaba embarazada pensaba que sabía perfectamente lo que haría: «Seguiré trabajando y viajando, contrataré a una nana». Pero cuando llegó el momento, no me sentí capaz de separarme de mi hija, era un sentimiento visceral.

Claro que se puede trabajar y lactar, pero yo tenía que viajar. En uno de los viajes me llevé a mi bebé con nuestra nana querida, que era como un miembro de mi familia. Justo en el momento en que estaba decidiendo qué telas comprar para la fábrica, la nana entró con la bebé llorando. Así que comencé a lactarla a pesar de la expresión de horror de los dueños de la compañía textil. En ese tiempo no había cuartos de lactancia, probablemente pensaban que era ilegal lactar en público. En fin, pronto me di cuenta de que tenía que tomar una decisión. Ganó mi bebé.

Tenía un gran conflicto de identidad. Antes de ser ama de casa, recuerdo que en las reuniones sociales gravitaba hacia el área donde estaban los hombres para hablar de negocios y de política, pues en cierta manera me sentía una de ellos. Mientras que antes evitaba las conversaciones de las mujeres sobre sus niños, nanas y piscinas, ahora me había convertido en una de ellas. Recuerdo la primera vez que me acerqué al grupo de hombres en una actividad después de cerrar mi compañía. Antes, tenía temas en común con ellos, ahora no estaba tan segura.

—¿En qué trabajas? –me preguntaban

No quería responder, hasta que decía muy bajo:

—Ama de casa…

Sentía que los hombres me miraban como diciendo: «¿Y tú qué haces aquí? Las mujeres deber estar en la cocina».

También me sentía fuera de lugar en la cocina. Yo no tenía las respuestas esperadas a las preguntas del estatus social de las mujeres de mi entorno.

—¿En qué hospital has dado a luz? –me preguntaban,

—No fue en un hospital, fue en un Birth Center.

Silencio con signo de interrogación.

—Di a luz en el agua, en Cayo Hueso.

Silencio.

Ellas lo intentaban de nuevo:

—¿A qué escuela va tu hija? –me preguntaban.

—Hago «educación en el hogar»…

Silencio.

—¿A qué Iglesia vas?

—No tengo religión, pero sí un gurú.

Silencio.

—¿Quieres pollo o carne?

—Soy vegetariana, gracias.

—¿Qué tomas?

—No bebo alcohol, pero si tienes jugo verde…

Silencio.

Suspiro.

Siempre me decía, si viviera en Los Ángeles, me entenderían…

Mi grupo ideal era ecléctico, como en mi pueblo de nacimiento; mis amigas eran de todos los estratos sociales y de todas las religiones posibles. La mayoría teníamos en común algún proyecto social que incluía a los niños, la tolerancia, la ecología, la salud y la educación. En lugar de la moda, ahora mi conversación favorita giraba en torno a las soluciones necesarias para mi mundo utópico.

Cuando mi hija era pequeña, vivíamos frente al mar, allí la arena era el lugar perfecto para jugar. En esos días comencé a escribir cuentos para niños, historias que ideaba y contaba con mis manos en la arena. Todavía los tengo por alguna gaveta, algún día quizás los publique.

Una cálida tarde, mi hija y yo nos encontramos con dos lindas niñas árabes que tenían unos ojos grandes y hermosos como luceros, las cuales estaban jugando con su mamá. Rápidamente entablamos una amistad de esas que se encienden como una chispa. Por suerte éramos vecinas y durante muchos años seguimos siendo amigas, también de su familia musulmana. Jazmín era de las personas más amables que he conocido nunca, su hospitalidad y generosidad no tenían límite. Con ella aprendí a bailar música árabe y a hacer humus.

Todo esto me lleva a pensar en el problema de los derechos humanos y los castigos crueles, incluso la pena de muerte, infligidos a las mujeres que se rebelan contra la vestimenta obligada por la religión. Por lo general, son los hombres quienes están obsesionados por controlar a la mujer. Las protestas, finalmente, liberarán a la mujer en el Medio Oriente.

A mi hija le importaba poco que sus amigas fueran de otra religión. Al final, aunque algunos traten de negarlo, no somos tan diferentes. Unos y otros creemos en el mismo Dios de Abraham, aunque con perspectivas diferentes, reconocemos a la Virgen María, y a Jesús como el Mesías. Cuando lees los versos del Corán te das cuenta de que hablamos de las mismas cualidades eternas y omniscientes del mismo Dios. Las palabra «islam» significa sumisión a la voluntad de un solo Dios, que es el mayor precepto de la religión musulmana junto al desprendimiento: «Todo muere excepto la cara de Dios», dice el Corán.

Recuerdo el terrible día del once de septiembre, cuando ocurrieron los ataques a las Torres Gemelas, conocido como el 9/11. Por suerte, aquel día no estábamos en nuestro apartamento de Nueva York, sino en Puerto Rico. Al escuchar la noticia, las primeras personas que vinieron a mi mente fueron mis amigos musulmanes. A partir de ese día nadie volvería a mirarlos de la misma manera, pensaron. Recuerdo la tristeza y la desesperación en el aire. Mi hija y yo nos lamentamos juntas. Fue terrible. En ese momento pensamos que nuestro mundo jamás sería igual y ya nadie se sentiría seguro. Es muy común para los ciudadanos de Occidente ver los ataques terroristas que se comenten en el Medio Oriente, pero muy diferente es que ocurren en nuestro propio suelo infalible. Lamentablemente, hoy existe mucha desinformación que conduce al prejuicio, no todos los musulmanes son extremistas, del mismo modo que no todos los cristianos son unos fanáticos capaces de llevar a cabo matanzas, como actualmente sucede en Estados Unidos. El problema no es la religión, sino el fanatismo.

Mi encuentro con la otra cara del Om fue con el budismo, y sucedió gracias a un monasterio del Tíbet. Conocí a su director en California. Pema era un monje relativamente joven que tenía doctorados en psicología, uno en Occidente y otro del Tíbet. Él sentía pasión por proteger los monasterios del Himalaya. Recibía y educaba a los tibetanos que llegaban a la India. Vestía con una túnica roja vino y azafrán, con sus hombros descubiertos. Tenía una eterna sonrisa, la cual a su vez estaba iluminada por una extraña paz y una disposición siempre positiva. Sus monjes tenían la misma sonrisa y disposición para ayudar. Mi amistad con Pema duró muchos años, de él aprendí la meditación de compasión, la tolerancia, la no violencia y el *dharma* (las acciones hacia el bien) y el camino de liberación. Además de las *cuatro verdades* de Buda, aprendí que todo es transitorio; todo tiene un principio, un tiempo de transición y un final; lo que es hoy, ya no será mañana. Otra verdad sostiene que la causa del sufrimiento son los apegos, tanto por lo que se desea, como por lo que se pierde o se resiste.

En ese tiempo, mi interés no era convertirme en budista, sólo quería aprender y colaborar con la causa de la tolerancia, mostrando por medio de eventos en museos y teatros la cultura del Tíbet a través de sus bailes folklóricos, su arte y su filosofía. En uno de los eventos que organicé, el rito era hacer un *mandala*, que era un gran cuadro de una deidad hecho con arena en colores, la que los monjes soplaban cuidadosamente hasta lograr una verdadera obra de arte. A los siete días que se tardaba en hacer el cuadro, se hacía una ceremonia para destruir el trabajo meticuloso en el que se había invertido incontables horas. Por entonces, yo ya estaba embarazada. Recuerdo las caras de los asistentes al ver cómo después de tanto trabajo, en un segundo, los monjes barrían todo el cuadro para echar la arena de colores en una jarra. Después, en una ceremonia aparte, la arena se echaba al mar mientras ellos soplaban un caracol, como un gran rito de desprendimiento que mostraba la impermanencia de la vida.

Los monjes hacían sus mantras y sus meditaciones varias veces al día, mantenían una gran disciplina. El momento de la comida era adornado por sus voces y cánticos, otras formas de arte que parecían salir de su mismo corazón, los cuales acompañaban con sus trompetas y campanas. Distintos de la mayoría de los hinduistas, estos budistas tibetanos, aunque eran incapaces de matar a un insecto, comían carne sin problemas.

Gracias a Pema tuve varios encuentros con el Dalai Lama, aunque no en privado, pero sí asistí a varias de sus charlas, en las que participaban algunas celebridades. En algunas conferencias no abiertas al público general, incluso tuve ocasión de participar en iniciaciones privadas, que incluían desde tomar algún brebaje en grupo hasta atarme con una cinta roja al brazo. Acudía con mi hija y a veces con mi esposo a estas actividades; ella todavía era un bebé. Por entonces, mi hija no estaba bautizada, me bastaba con una imposición de manos que el mismo Dalai Lama hizo informalmente sobre su cabecita, lo que yo interpreté como una bendición un día en que, casualmente nos hallábamos cerca de él. Todavía conservo la foto que hizo mi esposo.

El Dalai es símbolo de compasión, tolerancia y no violencia en el mundo.

Contrariamente a lo que se piensa, para los budistas, el Buda que conocemos no es Dios, sino un hombre común que alcanzó lo que ellos llaman «iluminación o Nirvana». El budista no cree en un creador, aunque sí se refugia en varias deidades.

Antes de convertirse en Buda, su nombre era Siddhartha Gautama y realmente vivió como un príncipe heredero de un reino ancestral en Kapilavastu, un lugar que ahora se conoce como Nepal. Buda no es su nombre de nacimiento, sino un título que describe un estado de conciencia. Existe más de un Buda.

Sobre el Buda Gautama, dice la historia, que su vida cambió cuando su padre se enteró de una profecía que hizo un astrólogo, vaticinando que su hijo lo dejaría todo y no sería rey. En ese momento, su padre decidió protegerlo de toda calamidad exterior encerrándose en su reino, rodeándolo de una vida idílica de lujos, pero falsa. Allí le escondió la vejez, el dolor, la pobreza, la enfermedad y la muerte. Cuenta una versión de la tradición que un día Siddhartha Gautama, que era su verdadero nombre, al descubrir el sufrimiento que tanto le habían escondido sus padres, se quedó tan impresionado con lo que encontró en las calles de su reino que lo dejó todo, como había pronosticado el astrólogo en su nacimiento. Una interpretación afirma que, al no tener la oportunidad de experimentar pérdidas, se embarcó en una odisea para encontrar la cura del sufrimiento al exponerse a ellas. Buda, para vencer el sufrimiento, trató los extremos en la búsqueda de la espiritualidad, incluyendo la práctica del ascetismo, el cual finalmente dejó para llegar al Camino Medio. Al final, hizo una reforma del hinduismo.

La historia del Buda también representa una analogía de lo que ocurre en nuestras vidas. Vivimos una vida temporal actuando como si fuera eterna. Considero que la acción del padre de Siddhartha no fue tan descabellada con su hijo al protegerlo del dolor. Si se compara con los padres actuales, podemos ver que en cierta manera hacemos lo mismo, protegemos demasiado a nuestros hijos del dolor, les damos comodidades y retardamos lo máximo posible su exposición al sufrimiento. Evadimos visitar a los ancianos y a los enfermos, y evitamos que vean a los muertos en las cajas fúnebres, porque son cosas feas y desagradables. Los hijos se crían pensando que la vida es eterna, que no hay cambios y que podemos conseguir todos nuestros deseos con el clic de un ordenador.

Según el budista, la clave de la liberación es la iluminación, la cual consiste en la habilidad de reconocer todo como una ilusión. Nirvana es el despertar de la rueda de nacimiento y muerte, o sea, de la reencarnación de las almas en nuevos cuerpos, que es volver al vacío. El budismo muestra que la intención de nuestras acciones determina sus consecuencias, que el sufrimiento está en la mente y que el silencio es la clave para encontrar la liberación.

Tienen razón cuando dicen que constantemente luchamos por buscar el placer, retenerlo y aumentarlo, lo cual nos convierte en esclavos de las sensaciones, pero igualmente vivimos resistiendo lo que no queremos, de esta manera jamás encontramos satisfacción en nuestros deseos. En una ocasión, escuché una definición de Buda que lo describe como «aquel que ya ha saciado todos sus deseos».

En Atlanta, en un jardín, mantuve una conversación con Pema que no olvidaré jamás. Convenimos encontrarnos con el fin de conversar sobre la naturaleza de la realidad. Aquel jardín era el lugar perfecto, el día, hermoso, los rayos del sol brillaban y parecían bailar por encima de las flores.

Hablamos sobre la impermanencia, el tema recurrente del budismo; aquellas flores no estarían allí al cabo de unos meses. Recuerdo que ese día comprendí un poco la unidad de la que tanto hablaba. Esa experiencia de expansión y transcendencia sucede cuando se siente ser uno con la creación. Es similar a la sensación de no tener cuerpo; eres todo y al mismo tiempo no eres nada. El mundo y las personas son tu continuación y hasta el sol es parte de tu ser. La experiencia duró medio segundo, no estábamos meditando, sólo manteníamos una conversación en la que me proponía observar el mundo desde otra perspectiva. Quizás ése sea el gran secreto de su iluminación: ver todo desde otra perspectiva; ver las cosas como son, sin ser interrumpidos por nuestros propios límites.

Escuchar los sueños de Pema fue ser testigo del comienzo de la meditación como ciencia empírica. Él era profesor de una prestigiosa universidad y en 1996, cuando lo conocí, ya estaba gestionando con otros profesores y médicos la forma de validar los beneficios de la meditación por medio de la evidencia científica. Así comenzaba el nacimiento del *mindfulness* de hoy.

Es imposible describir a Dios, pero, en ese momento, la falta de un Dios creador en el budismo me causaba una laguna espiritual, yo necesitaba una cara, algo que pudiera tocar al menos con la imaginación. A pesar de ello, aprendía y relacionaba algunas lecciones de su filosofía de desprendimiento y compasión con lo que ya sabía de mi muy pobre catolicismo.

La versión cristiana en la ecuación del desapego budista dice: «Y el mundo pasa, y sus deseos; pero el que hace la voluntad de Dios permanece para siempre».[13] Las religiones no son iguales, pero riman, parafraseando a Mark Twain.

Si bien existe la impermanencia, hay situaciones que parecen ser perpetuas. Una pregunta que no cesaba de repetirme era por qué no podía tener una familia normal. ¿Me habrían cambiado al nacer? No puedo recordar una sola vez en mi vida que no estuviera tratando de arreglar a mi mamá. Estaba segura de que alguien me había cambiado en la cuna del hospital, mi familia no era normal.

Lo contrario a la aceptación es la resistencia. La explicación más común sobre el comportamiento errático de mi madre era que tenía un mal carácter. Mi abuela culpaba de ello a su color de pelo: «Las pelirrojas son bravas», decía. No tenía el control necesario para guardarse las palabras, especialmente si eran «malas palabras». Su comportamiento pasó de malo a crónico, pero llevarla a un psiquiatra no se podía ni siquiera contemplar como una posibilidad. Ella lo negaba todo y tornaba cualquier conversación en mi contra al imputarme el problema. Supuestamente, era yo la portadora de una locura ancestral que ella atribuía a una tía loca hermana de mi papá. «Estás loca —me decía—, llevas los genes de la familia». Yo la miraba y al verla desquiciada pensaba que, definitivamente, había algo de cierto en sus palabras. El retiro de su trabajo como maestra en la escuela superior del pueblo no ayudó a la situación. Cada vez buscaba más excusas para que yo no

13. 1 Juan 2.17.

entrara en su casa, la misma de ensueño en la que mi abuela algún día imaginaba vivir y que hoy era un castillo de glorias desvanecidas.

Mi mamá tenía una fijación por los animales, pero ella ya no veía la suciedad y tampoco sentía el mal olor que causaban. Su salud y seguridad estaban en riesgo. Así pasa con el ser humano y las condiciones inaceptables de la vida, llega un momento en que nuestros sentidos se apagan y ya no las detectan. A pesar de sus gritos y amenazas, trataba infructuosamente de limpiar la casa y comprar nuevos muebles, pero en la siguiente visita que teníamos, una vez más, todo volvía a llenarse de hedor habitual a orina y heces. La casa estaba llena de polvo, sus ropas descuidadas, las paredes manchadas y los muebles rotos, nada quedaba de aquella casa hermosa salvo unas espadas antiguas, parte del escudo de nuestro apellido español, que permanecían en la pared. Hacemos lo mismo en la vida, tratamos de arreglar superficialmente los efectos externos de un gran problema, porque eso parece ser más fácil que llevar a cabo la acción drástica de cambiar la raíz que lo provoca. Busqué ayudas sociales, pero sólo me decían que mi mamá estaba bien, que eran cosas de la edad y que no podía interferir en su vida y sus derechos de vivir como ella quisiera. Mi mamá era una mujer brillante y podía convencer con sus argumentos a cualquier empleado del gobierno.

Ya sabía que tenía que tomar medidas extremas, pero a pesar de tener tanto en mi propia vida y la habilidad de darle lo que ella necesitara, su locura junto a mi culpabilidad no me lo permitían. Me sentía incapaz de ayudarla. Soñaba con poder verla en un lugar limpio y seguro, pero ella estaba indomable y yo, exhausta. Ninguna meditación o práctica transcendental funcionaba en ese momento. Al contrario, por entonces, yo practicaba la negación de la realidad. Según esa creencia, mis propias percepciones sobre mi mamá eran las responsables de que empeorara su condición; se suponía que, al cambiar mi forma de verla, mejoraría todo, pero la realidad era que sólo empeoraba, y mi inacción podía costarle la vida.

En ese tiempo no iba a la iglesia, pero la iglesia franciscana en el Viejo San Juan celebraba una noche de adoración eucarística especial; eran tres horas de canciones de alabanza ofrecidas por un sacerdote capuchino que permitía la conexión con Dios. Esa noche, el grupo musical con sus guitarras y bellas voces de coros retumbaba en la hermosa iglesia. Cuando llegué estaba un poco incómoda entre el olor a incienso y los duros asientos, pero después de la primera hora de cánticos a Jesús, olvidé la dureza de los bancos y caí en un estado profundo de paz que no había experimentado antes, ni siquiera en un *satsang*.[14]

Frente al altar de la iglesia había dos reclinatorios, me armé de valor y a pesar de mi resistencia a entregarme a Dios, me dirigí hacia al frente, me arrodillé y oré entre lágrimas:

—Por favor, Señor, lo que más te pido: ayuda a mi mamá, sánala y muéstrame cómo ayudarla. Amén.

En ese momento no lo sabía, pero estaba más cerca que nunca de la respuesta que un día cambiaría mi vida. Cuando oramos enviamos una luz de bengala al cielo que siempre será respondida. Dios sólo espera esa llamada de nuestra parte. Después de esa noche comencé a añorar la paz alcanzada en esos segundos sábados de mes, los cuales esperaba con mucha anticipación, hasta que un día desistí porque las salidas de esos sábados comenzaron a causarme problemas en mi casa.

Cuando hemos esperado demasiado, toda situación que ha llegado a un punto límite crea su propio momento de crisis para mostrarnos que ya no podemos posponer la acción radical que tememos llevar a cabo. Mi mamá tenía la costumbre de rescatar a los locos del pueblo, lo que ocurría es que ahora ella se había convertido en uno de ellos. Esto realmente ya fue el límite y un despertar a la realidad: mi mamá, quien antes de retirarse era una querida maestra, ahora deambulaba por las calles del pueblo. Un abogado amigo me recomendó un arresto legal que conllevaría llevarla a un internado. Lo último que se me podía ocurrir era causar ese dolor a mi mamá. Cuando se deben tomar elecciones entre dos males, se elige el que cambie la situación, no el que tan sólo sea una solución temporal. El abogado me comentó que tuvo que plantearse lo mismo sobre una decisión con su hijo adicto, es una acción extrema que tomas cuando la voluntad del ser querido ya no puede elegir correctamente. Quitarle la libertad a alguien que amas es una de las situaciones más difíciles a la que me he enfrentado.

_____

14. *Satsang*: En sanscrito significa estar reunidos acompañados con la verdad.

La operación del día de su arresto fue toda una misión de coordinación. Mi hermano había llegado de California para ayudarme en la hazaña. En medio de la crisis nos mirábamos como adivinando lo que cada uno pensaba: era como un viaje al pasado y a los viejos tiempos de los gritos de mi mamá. Ella estaba descontrolada y sus insultos retumbaban en mi corazón, pero Dios colocó en la operación a una mujer policía que casualmente había sido una estudiante suya. Esa cara conocida ayudó a que mi mamá pudiera entrar en la ambulancia sin más violencia.

A pesar de la gran tristeza, cuando la ambulancia se marchó con mi mamá, a quien pusieron una camisa de fuerza, y el silencio que se hizo cuando esas puertas se cerraron, sentí que un gran peso se levantaba de mis hombros. En ese momento, lo único que se me ocurrió decirle a mi hermano fue:

—¿Me acompañas a comer un helado? Creo que necesito una Banana Split.

Unos meses más tarde, mi mamá fue diagnosticada con una lista interminable de enfermedades mentales y hormonales.

—Su mamá es bipolar, y tiene síntomas de paranoia y delirio. Es posible que haya tenido estas condiciones desde siempre.

Mientras oía estas palabras del psiquiatra, sentí cómo en un solo minuto comprendía décadas de confusión. Ahora, de pronto, mi mamá era inocente de todo cargo de abuso, y sentía que era yo la culpable de haberla odiado y juzgado durante todos esos años por acciones de las cuales ella sólo era una víctima. Estaba mentalmente enferma, y un enfermo no es responsable de sus actos. Cada vez que perdonamos se nos cae una costra más de los ojos para ver mejor el presente, que usualmente vive empañado por lo que no hemos dejado ir.

En ese mismo segundo la perdoné y me perdoné. Sus acciones no tienen justificación, pero ella no tenía control de sí misma. Desde ese momento la vi diferente, ya no era un monstruo, sino una niña indefensa que yo necesitaba proteger y perdonar. El perdón a veces es tan sencillo como recibir un diagnóstico.

Dios me llevó al lugar donde encontraría el perdón y la liberación de un triste pasado, pero tengo que reconocer que, a pesar de obtener tanto conocimiento por medio de monjes y sabios, fue a mi mamá, de forma inconsciente e imperfecta, a quien, a fin de cuentas, Dios utilizó para llevarme de regreso a él.

—¿Por qué no puedes estar conforme? –me decían–. Tienes todo lo que cualquier mujer pudiera desear. ¿Por qué no te quedas en tu casa, tranquila con tu familia?

Traté de hacerlo, tuve mi momento. Traté de convertirme en el ama de casa perfecta, intentando aprender, desde cómo doblar una sábana perfectamente hasta decorar casas de jengibre en Navidad. Los cumpleaños de mi hija eran auténticas producciones teatrales. Con todo, nada de eso me llenaba tanto como la necesidad imparable de cambiar el mundo. Sufría de una extraña necesidad de hacer «algo», pero al mismo tiempo sentía que ese algo que quería surgir de mis adentros se me había olvidado, así que trataba de apagar el deseo estando ocupada, aunque no era capaz de lograr extinguirlo totalmente. La pregunta de qué debía hacer con mi vida seguía encendida como un rótulo intermitente.

Un día regresé a Estados Unidos para hablar con Albert una vez más, el gurú inglés que años antes había conocido en la isla de Orcas. Esta vez lo visité en su casa en Oregón, donde Albert vivía rodeado de una reserva natural de decenas de cuerdas con paredes forradas de dulces frambuesas. Luego de mostrarme la finca en un viejo carro de golf, llegamos a lo que parecía una pequeña cabaña. Allí residía con el mínimo de comodidades. «Nada nos pertenece». Como buen inglés, me preparó un té, me miró con sus ojos sinceros, aunque ya un poco cansados, y tal como en los entrenamientos que había inspirado, me preguntó:

—¿Qué es lo que quieres, Sharon? ¿Qué es lo que buscas?

La verdad es me quedé en blanco.

Ese día soleado comimos frambuesas y junto a mi hija alimentamos a las gallinas, los canguros y las llamas que vivían en la finca. Albert tenía una Biblia que destacaba en amarillo las palabras de Jesús. Luego de sus años de ser parte del movimiento del Potencial Humano, al final de sus días, su secreto era vivir una vida simple. Siempre dijo que quería vivir hasta los ciento veinte años, y era un vegetariano estricto, pero murió poco tiempo después de mi visita, probablemente sin cumplir los noventa. No obstante, sin pretenderlo, vivió mucho más que eso, porque dejó un legado en sus lecciones de motivación, de ayuda al prójimo, de paz y de búsqueda interior que vivirán para siempre por medio de las voces de otros autores de autoayuda. Considero a Albert un gran maestro. Al final llevó una vida sana e inspiró indirectamente a cientos de miles de personas. Siempre repetía: «No se trata sólo de tus deseos, sino del legado que dejarás al mundo». ¡Qué daría por tomar un té con él una vez más!

Ese día recordé el mensaje que me susurró en el oído aquella noche en la isla de Orcas, mientras esperaba su bendición: «Tienes un regalo especial que a su tiempo te será revelado».

Llega un momento luego de la adolescencia, cuando estamos seguros de tener todo bajo control, en que nuestra arrogancia es aplastada. Sucede cuando nuestro avión infalible cae en picada sin antes recibir el aviso de colocarnos la máscara de oxígeno. Estaba más afianzada que nunca en mis meditaciones, las que hacía al amanecer todos los días sin falta antes de que cantara el gallo. Mi rutina de natación y mi dieta vegetariana se volvieron más estrictas que nunca, quizás porque buscaba la manera de controlar lo incontrolable, pero cuanto más meditaba, más yoga hacía, más Om y más espiritual pensaba ser, peor iba mi vida y mi matrimonio…

Era inevitable, tras dieciocho años de estar juntos mi esposo y yo nos habíamos separado física y emocionalmente y, aunque vivíamos en la misma casa como muchos otros matrimonios a punto de terminar, entre nosotros poco a poco se había formado un gran vacío cavado por el desgaste de la convivencia, causado quizás por un sentimiento de falta de validación y aprecio mutuo, lo que sucede cuando uno da por sentado lo que tiene. La situación desembocó, tras meses de silencio, en la necesidad de poner palabras a lo que verdaderamente estaba sucediendo entre nosotros. Lo hicimos por medio de un corto diálogo que comenzó con el temible «necesitamos hablar», el cual más bien se tornó en una conversación sin salida, con el preludio del final colocado a la entrada:

—Esto no está funcionando –dije.

—No eres la misma con quien me casé –dijo él.

El golpe mortal llegó cuando se me ocurrió la terrible idea de preguntar:

—¿Si me conocieras hoy, te casarías conmigo?

—Definitivamente no.

Me respondió sin pensarlo.

La verdad es que no era la misma. ¿Se puede ser la misma persona durante dieciocho años? Lo conocí cuando era compradora de modas en una cadena de tiendas y ya había comenzado mi negocio de diseño de modas, utilizaba faldas más cortas, me maquillaba más y tenía el cabello más largo. Antes hablaba sobre negocios, ahora era ama de casa y sólo hablaba de mi hija y de espiritualidad. Me había equivocado, pensé. Ahora mis faldas bordeaban mis rodillas, tenía un corte de pelo clásico y apenas usaba maquillaje, quizás una vez más me había convertido en la esposa sumisa que se creía indispensable, a la que obligatoriamente alguien amaría y nunca dejaría. Mi esposo y yo, nos conocimos cuando nos presentaron en una cena de unos amigos fabricantes de la industria textil. Años más tarde, ya no teníamos negocios en común, yo los había dejado para ser mamá a tiempo completo. No ayudó que me hubiera enfrascado más y más en mis proyectos, organizando eventos para autores y perteneciendo a juntas de directores, quizás como un escape de la insatisfacción, que, mirándola hoy, nada tenía que ver con él, sino conmigo. Claro, él tampoco era perfecto. Estar demasiado ocupados en cosas importantes era el somnífero ideal.

Mi insatisfacción no era nueva, la conocía muy bien. Entraba por la ventana escondida de mis mejores momentos. Una década antes, el desconsuelo ya había hecho una entrada fugaz en mi vida vaticinando lo que hoy ocurriría. Un día, estaba embarazada de mi hija mirando el paisaje desde el lugar más hermoso de Italia, tras obtener todos mis sueños y anhelos, en la cúspide de todo aquel paraíso terrenal de aguas azules, gardenias y el atardecer más colorido, sentí un vacío imposible de llenar. Había viajado impensables caminos desde mis tristes días de adolescente hasta este hermoso lugar, el cual no se me hubiera ocurrido ni siquiera soñar.

¿Cómo puede uno sentirse tan desagradecido con tanto si no es a causa de un vacío que no puede llenarse con las cosas de este mundo?, decía C. S. Lewis.

En mi pasado difícil no tenía la imaginación suficiente para tan bello futuro. En el exterior todo era hermoso, pero interiormente la niña dolida y abandonada seguía allí. Sí, había creado un futuro deseado, pero, a pesar de ello, mi interior y mi exterior no coincidían. El vacío y el dolor internos seguían intactos. No era ambición ni desagradecimiento, todo lo contrario. Al menos cuando no se tiene nada, siempre existe la esperanza de que, al obtener lo deseado, al fin se logrará ser feliz, pero ¿qué sucede cuando ya se tiene todo lo soñado y tampoco llena, ni se obtiene la felicidad? El amor, la familia, la abundancia, ayudar a otros, nada era suficiente. Los budistas tenían razón, una de las cualidades del ser humano es la incapacidad de sentirse satisfecho, sin importar lo logrado.

Las lecciones de positivismo que había aprendido unos años antes, junto al tema de moda sobre el manejo de las emociones y la autoayuda que invitaba a no apegarnos a nada, se convirtieron en mi nueva medicina de escape para manejar la tristeza de esos días: «Te amo, pero no te necesito» se convirtió en mi lema. Había hecho una sopa que incluía budismo mezclado con egoísmo, que, junto a la autoayuda, tenían en común asegurar que todo era una ilusión y que nada era real. Representaba la receta perfecta para sobrevivir a la tristeza que me acosaba, al ignorar lo que me estaba sucediendo. Aunque me entregaba a Dios, hoy puedo ver que el concepto que tenía de él era demasiado impersonal para que pudiera escucharme. Uno no se puede entregar a quien en realidad no se reconoce. Me acusarán de ser simplista y de no comprender sus filosofías, pero la síntesis de lo que mi cerebro registró en ese momento fue no sufrir, pero a cambio del terrible precio de apagar mi sistema límbico para dejar de sentir las emociones y no reaccionar: si nada es real, no tengo que responder al dolor. No juzgues, no sientas, no pienses. Como cuando voy al cine y veo una película de terror, al final mi vida no es real y no tengo que defenderme del vampiro que vi. No obstante, mi tristeza resultaba muy real y la película no se terminaba, el vampiro también era real, era mi propia mente que me chupaba toda la energía y el discernimiento, más bien se trataba de un drama de horror en el que no llegaba la palabra fin.

Negar las emociones puede traer terribles consecuencias. Era todo lo contrario a lo que me había mostrado Albert, mi maestro de Orcas, unos años antes cuando me había invitado a zambullirme en ellas. Las nuevas lecciones eran muy atractivas, compartían la negación de la realidad y de las emociones, y la cancelación de lo que ocurría ante mis ojos. No podía sentir tristeza, eso significaba que me había dormido, tampoco podía hablar sobre nada negativo, eso sólo atraía más problemas. Pero ¿cómo se solucionan los problemas si no es colocando el reto al descubierto en un lugar visible para entenderlo? En otras palabras, primero necesitaba aceptarlo para luego arreglarlo. Era la moda de compartimentar y guardar la ropa sucia en las gavetas para luego esperar a que se organizaran por sí mismas. Toda la responsabilidad de los sucesos que ocurrían, decían las lecciones de espiritualidad, era la consecuencia directa de cuanto yo creaba con mi pensamiento. Si cambiaba mi pensamiento y lo que percibía, cambiaría mi vida por un milagro. Me repetía eso varias veces al día, pero mi pensamiento sólo me culpaba por lo que estaba sucediendo y me castigaba por haberlo creado, era pura esquizofrenia.

Tres meses después de la separación, recibí una llamada en la que mi esposo me preguntaba si yo querría intentar volver con él.

«¿Qué clase de pregunta es ésa?», me dije indignada.

Quería que peleara por mí, que como un capitán de galeón tomara las armas y recuperara su territorio.

—Por supuesto que no –dije, esperando una respuesta de lucha.

No hubo respuesta…, y yo a causa de mi orgullo tampoco la busqué. No era el primero que repetiría el drama de no luchar por mí.

Al final no se divorcian los esposos, sino que se divorcia una familia. Igual que en el día de la boda hacemos una promesa de «por siempre», en el divorcio hacemos una separación de por vida en la que prometemos un nuevo «hasta nunca». De pronto, quienes consideré mi familia, hoy se convertirían en perfectos desconocidos. ¿Qué sucedió con las dos décadas de relaciones familiares?

Los sentimientos pueden cambiar de un momento a otro. Una vida que no puede redimirse, aunque sea por el beneficio del pensamiento, es una enseñanza perdida. Todo está perfecto, dirán los optimistas, no hay error, pero esto es una gran mentira, necesitamos mirar el pasado y liberarlo con la aceptación del presente, de otro modo, lo que no miramos se convierte en lo que nos encadena. Una vez que miramos la realidad de lo sucedido, necesitamos perdonarnos, elegir el perdón, aunque pensemos no necesitarlo, aunque creamos no merecerlo.

Quizás no hubiera podido evitar mi divorcio de ningún modo, ni siquiera con una buena ronda de terapias matrimoniales. Quizás es por esa razón que los *bahá'í* sugieren un año de paciencia antes de conceder un divorcio, mientras que existen otros matrimonios que llevan décadas de paciencia que nosotros no tuvimos. Muchos cargamos la culpa hasta la tumba, otras veces no nos atrevemos a dar ese paso por nuestros hijos.

Nuestro pasado no puede ser juzgado desde el presente y, por más que queramos, tampoco puede ser corregido por las lecciones aprendidas en el futuro, sólo se puede cambiar la percepción del pensamiento sobre lo ocurrido y aceptar lo que hemos vivido en el ayer con la dignidad del ahora y la esperanza de contar con una nueva oportunidad en el mañana.

La gran lección es que no podemos mirar el pasado y pretender haber actuado con las cualidades que poseemos en el presente, como por ejemplo, el compromiso de «por siempre». En las palabras de Maya Angelou: «Perdónate a ti mismo por no saber lo que no sabías antes de haberlo aprendido».

Al final, mi esposo sólo regresaba a recordarme una lección de un pasado sin redimir. El dolor y el temor al rechazo y la forma infalible que repetía para vencerlo eran el miedo conocido que me llevaba a abandonar todo antes de ser rechazada. Si tu padre es el primer amor, entonces, regresará varias veces.

Historias en la arena

Tal como el caracol vacío se convierte en el objeto ansiado de un cangrejo ermitaño sin concha, no pasó mucho tiempo antes de que ambos fuéramos perseguidos por un nuevo inquilino para tratar de ocupar el espacio que se había quedado vacío en nuestro corazón. Otras conchas vacías se convertirán en el hogar de transición de algún cangrejo ermitaño. Dicen que, cuando dos ermitaños solos se encuentran con un caparazón vacío, ambos comienzan un duelo por obtenerlo. La arena no es otra cosa que un cementerio de casas y adornos hechos polvo que alguna vez pertenecieron a un habitante fugaz. Esa lección la aprendí años más tarde en la playa de la isla de Captiva, que tiene la peculiaridad de poseer las arenas con más almejas de Florida. Conchas de todos los colores y tamaños reflejan el sol y son piezas de colección para los niños que visitan sus playas. Caminas por la arena y ves cómo los caracoles vacíos de hoy fueron las casas que se quedaron solas en el ayer y, como a los cuerpos humanos, el tiempo se ha encargado de convertirlas en polvo.

Mi casa igualmente pronto se quedaría vacía. Era la noche antes de mi partida y, aunque sabía que sería la última vez que dormiría en mi hogar, no fui capaz de negarme al pedido de Diana, una amiga con la que frecuentemente colaboraba en obras para la comunidad. Esa misma noche celebramos la última de tantas actividades en la casa que durante más de una década compartí con mi familia.

La actividad consistía en una velada de la comunidad haitiana local para celebrar la vida de los niños que se habían salvado en el terremoto. Pensé que ésta sería la mejor forma de despedirme yo misma y agradecer a Dios los bonitos tiempos vividos en el nido que al otro día dejaría. Mientras escuchaba la típica música francesa de Haití, no podía dejar de pensar que un terremoto de otra magnitud había arrasado mi hogar, pero en él ya no quedaban sobrevivientes. Una vez terminada la actividad, los empleados comenzarían a mover muebles, lámparas y espejos, porque por un impulso había vendido todas mis pertenencias a un solo comprador. No quería llevar conmigo ninguna huella que me recordara el pasado, pero las huellas de la memoria no pueden ser borradas, ellas se quedan como escombros permanentes en el corazón.

Recordé el día que compramos la casa con el olor a tierra húmeda, el canto de los pájaros y su terreno de bosque tropical que nos cautivó. Fue una residencia que yo diseñé desde los cimientos, y su reconstrucción fue un intento de recrear una casa al estilo español de California, incluyendo las tejas y la entrada de ladrillos. Todo era blanco en su interior, no tenía muchos muebles, tampoco eran lujosos ni costosos, pero estaban llenos de historia. La mayoría habían sido rescatados de mercados de pulgas en varios viajes. Era diseñadora de modas y sabía que todo buen mueble Luis XV puede ser regresado a la vida con un poco de pintura blanca y forros de lino.

Lo que más me gustaba de la casa era que estaba rodeada de árboles de ilán ilán, de cuyas flores brotaba una deliciosa fragancia, un aroma que curiosamente comenzaba a emanar, todos los días, justo a las seis de la tarde. Amaba las flores de bellos colores conocidas como impacientes, quizás porque su nombre me recordaba algo de mí misma. Los árboles de roble y mis peces koi ya no serían mis vecinos. Había sido mucho más que una casa, fue el salón de clases de mi hija, donde le brindé educación en el hogar en sus primeros años. Recuerdo que ella había aprendido a leer en mi cama, mientras afuera la ventana se adornaba con la copa de un hermoso árbol antiguo donde cada tarde caía la lluvia más sonora.

Después de la actividad, a la mañana siguiente, la casa ya no era la misma; al mismo tiempo que se desmantelaba una vida, quedaba un extraño eco lleno de frialdad. Todo su calor se había ido por el hueco negro de un pasado que no volvería, no sólo por las cosas que ya no estaban allí, sino por las personas que jamás regresarían. Entre las paredes parecía escuchar el eco de las voces y las risas de los buenos tiempos, los cumpleaños, los pasos de mi hija haciendo travesuras y dando vueltas de ballet, los hijos de mi esposo con sus amigos, el hermano de mi hija trabajando la mecánica de sus autos en el garaje, las celebraciones de Navidad y las cenas con la familia y los amigos. Pronto todo sería un reflejo de un lejano pasado.

No hubo despedidas, una mujer divorciada puede ser un problema viral para las demás que se encuentran felizmente casadas, muchas de las que consideraba mis amigas más queridas estaban ausentes en ese momento. Al final, es cierto lo que dicen: los buenos amigos se reconocen en los peores momentos y los que no lo son, también; para algunos quizás había perdido el apellido que me daba valor.

Mientras colocaba la última pieza de equipaje en el auto que me llevaría al aeropuerto, recordé tantas otras veces que viajé, aunque esta vez era diferente, no tenía un boleto de regreso. Quería llevarme en los puños de mis manos las experiencias buenas, esos momentos que transcurren, pero que ignoramos porque los consideramos rutinarios. Sin embargo, cuando estás a punto de perderlos, te das cuenta de que eran los buenos tiempos y, aunque sabes que vendrán otros, ellos siempre serán irremplazables.

En el último momento que estaba de espalda a la casa, me dije: «No mires hacia atrás Sharon, o te pasará como a la mujer de Lot, te convertirás en una estatua de sal».

Realmente no tenía la valentía de mirar, pero luchaba contra ese sentimiento, practicando el desprendimiento y el desapego que en los últimos meses se habían convertido en mi muy confundida filosofía de vida. Cuando el auto se alejaba de la casa, me di cuenta de que aquélla era la misma casa grande con dos columnas que mi abuela me había mencionado en su predicción a mis quince años. Es muy probable que mi subconsciente la hubiera creado. La vida tiene sus maneras de regresarnos a aquello que en algún momento hemos imaginado, por ese motivo es mejor imaginar lo mejor.

Ya desde el avión de camino a un nuevo país, miré por última vez las diminutas casas, incluyendo la que había dejado atrás, que desde esa altura ya no parecía tan grande. Adiós para siempre a una vida que no será igual. En el momento del despegue escuché en mi mente, una vez más, las voces de las conversaciones que lo habían cambiado todo, miraba a mi hija y me preguntaba una y otra vez: «Y ahora… ¿qué nos deparará el destino?».

Tercera parte

AMÉN

AMÉN

Comenzar de nuevo

Hay una historia de la humanidad que se repite, mejor conocida como la historia del hijo pródigo. Lo teníamos todo, pero un día quisimos tener más, aunque en ese momento no sabíamos que tener más era experimentar menos. Para saber que siempre habíamos tenido la luz, necesitábamos caminar hacia la oscuridad. Al final, la única forma de saberlo era perdiéndolo todo. Los opuestos se reconocen por medio del contraste. Ahora tengo un punto de referencia para comparar. Todo tiene un ritmo, nos perdemos para luego encontrarnos. Se necesita experimentar el frío para conocer el calor; se necesita sentir la angustia para reconocer la paz. La búsqueda espiritual se basa en encontrar ese lugar donde los extremos ya no pueden tocarnos, donde todo sea paz, dicha y plenitud. Es aprender a volar por encima de las tormentas como las águilas. Todos buscamos ese lugar donde el amor y la paz sean el estado natural; ésta es la descripción del cielo y del mismo paraíso.

Pienso que Dios nos busca y nos encuentra como estemos y donde nos encontremos. Dios no discrimina, es tan sabio y persistente que siempre encontrará el comunicador perfecto y el lugar indicado para darnos la lección necesaria y acercarnos más a él sin importar en qué lugar del camino nos hallemos.

Equivocadamente pensamos que,, si cambiamos de lugar podremos evadir las nubes de desolación que nos persiguen, creemos que, si escapamos muy lejos, nuestros retos no podrán alcanzarnos, pero nadie puede esconderse de sí mismo. Por más lejos que viajemos no podremos evitar lo que sentimos, porque nadie puede viajar sin llevarse a sí mismo. Cuando se elige algo a sabiendas de que eso afectará a tu vida entera, es como lanzarse al vacío, no se puede ver el suelo ni el cielo, sólo se pueden ver las propias dudas. Miramos al cielo esperando que el Señor de arriba envíe algún tipo de señal que confirme que estamos en el camino correcto. En aquel tiempo yo todavía no le hablaba a ese Señor de arriba, sino al universo. Estaba segura de que su orden me protegería, que no había manera de cometer un error.

Todo es perfecto, me decía. Om.

Acababa de llegar a Miami con mi hija. Había alquilado un departamento en un edificio que estaba recién construido, lo había escogido por su seguridad. Ya era tarde y no había nadie en el recibidor, me pareció inusual, pero seguí avanzando. Cuando llegamos a la puerta de mi departamento, noté algo muy extraño. La entrada tenía un papel enorme que la cubría casi completamente y decía algo así como… clausurado.

¡¿Clausurado?! No puede ser, había pagado todo por adelantado. Abrí la puerta y fui al baño, donde me encontré que la tapa del inodoro tenía el mismo papel que decía; «Clausurado, peligro, no lo utilice». Le grité a mi hija: «¡No tomes agua!». Salí despavorida cuando vi la palabra *legionella*. «Esto no puede estar sucediendo», me decía, sin entender nada.

—¿Qué es la legionella? –pregunté a un empleado que me encontré en el pasillo.

—Señora –me dijo el hombre en español, porque en Miami el inglés es opcional–, es la enfermedad del legionario, una enfermedad infecciosa, potencialmente fatal, producida por una terrible bacteria aeróbica que vive en el agua.

—¿¡Aeróbica!? –dije con tono de sarcasmo. Siempre que tengo los nervios de punta, aprovecho el momento para hacer un chiste.

—Se transmite por las gotas y el vapor del agua –me dijo él con el ceño fruncido, sin demostrar que le hubiera gustado mi comentario.

Si hubiera bajado el inodoro me hubiera contagiado. Era un problema serio. El edificio estaba contaminado y ya había muerto una persona. ¿Cuáles son las posibilidades de que esto ocurra? ¡Una vez en un millón!

Esperaba alguna señal del cielo para confirmar que estaba en el camino correcto, pero esto me confirmaba lo que me temía: ¡había cometido el error más grande de mi vida! Todo me parecía una gran pesadilla, pero demostré compostura frente a mi hija, quien, a sus doce años, todavía creía que mamá tenía todo bajo control. Mi verdadero deseo era regresar a casa, a mi hogar, donde había vivido todos esos años, pero ya era tarde para dar marcha atrás.

Me fui con mi hija y con varias maletas a un hotel. Estaba exhausta y también segura de que todo había sido un grave error. Esto no ayudaba al peso de mi ya cargada maleta emocional repleta de culpa. Esa primera noche en Miami, miraba a mi hija mientras dormía tranquila y me preguntaba: «¿Cuántos errores he cometido como mamá?».

Seguro que continúo cometiéndolos. Siempre habrá algo que pudimos haber hecho mejor por nuestros hijos. La mayoría de nuestros errores pueden repararse, muchos pueden corregirse, pero ese día que acababa de llegar a Miami tuve que aceptar que, a pesar de haber complacido tanto a mi hija, hoy sabía que había algo irreparable: el hogar roto de su mamá y su papá.

Mientras miraba el techo oscuro del hotel, tratando inútilmente de dormirme, pensaba que en años no había firmado un cheque, no me había preocupado por pagar la electricidad, el agua, y menos perder el sueño por el lugar donde iría a dormir. Tampoco entendía de inversiones, firmas o las letras pequeñas de los contratos, pero ahora de pronto me encontraba sola con la aterradora responsabilidad de ser la única en el mundo encargada de tomar decisiones, que como en este caso, parecían irreparables. Sólo sabía de fábricas de ropa y un poco de espiritualidad, pero estaba fuera de forma y, sobre todo, fuera de control. Era el año 2009, los mercados y los bienes raíces estaban cayendo y las fortunas se estaban perdiendo. No entendía de bancos ni de la bolsa, tampoco sabía cómo comprar una propiedad. Pudo haber sido peor, me decía para calmarme, pude haberme quedado sin nada.

En ese tiempo todavía no creía en entregarle las cosas a Dios, sino en controlar todo por mis propios medios. A ver, necesito usar la afirmación, no mirar lo negativo, seguro que yo he creado todo esto con mi pensamiento enfocado en el error, pero nada funcionaba.

Pensar que atraes toda la basura a tu vida sólo con la fuerza del pensamiento no ayuda, especialmente cuando estás parada dentro de un vertedero. Ya no estaba tan segura de que las leyes universales me ayudarían. Había perdido mucho, pero al menos todavía tenía lo importante, a mi hija y nuestra salud, a pesar de haber estado peligrosamente cerca de perder los pulmones con la «aeróbica». Sin duda, algo no estaba funcionando en mi vida y tenía que comenzar por aceptarlo.

Esa noche recordé las distantes palabras de mi antiguo guía espiritual: «Necesitas entregarte a Dios», decía el gurú de la India. Pero yo sentía que mi Dios había desaparecido, que lo había sustituido por un universo que se confabulaba para cumplir mis deseos más egoístas; que era un cómplice, no un consejero. No necesitas consejos cuando piensas que ya sabes lo que quieres. En vez de estar yo a sus pies, pretendía que él estuviera postrado a los míos.

Ya instalada en mi nuevo apartamento, lejos del peligro y tomándome un café, respiré profundo o más bien exhalé, ahora sentía que sí estaba en el lugar correcto, al menos por el momento. Era un piso mucho más alto, a varias cuadras del primero. Mientras recorría con mi mirada el panorama, me percaté de que cincuenta pisos más abajo había una iglesia. Miami es un valle de cemento sin colinas, pero yo sentía que mi edificio era mi propia montaña en medio de la gran ciudad. Este lugar se convirtió en mi nuevo hogar y esa iglesia, más tarde, jugaría el papel más importante en mi espiritualidad. Al final, Dios utiliza todo para nuestro bien. A veces necesitamos aprender a vivir en la incomodidad de no saber qué nos va a ocurrir. Si tan sólo aprendiéramos a confiar…

Le envié una oración a quien me estuviera escuchando en la iglesia y así fue como sin querer comenzó mi conversación con Aquel que la habitaba. Ése fue el primer paso que di para que se produjera mi encuentro con el AMÉN.

Luego de un trago amargo, la vida puede traerte un poco de miel como un respiro, al menos hasta la próxima prueba. Estaba fuera de práctica en el tema de las relaciones amorosas, pero las atenciones de un nuevo amor y su filosofía me mantuvieron distraída y lejos de ser recluida con una lobotomía en un hospital psiquiátrico en el momento crítico de transición.

Eduardo era varonil, aventurero, filosófico y desbordaba pasión. Con él rejuvenecí, nada quita los años como sentirse deseada. Tenía mucho miedo, sí, y él no era perfecto, pero su sentido de aventura me ayudó a soltar un poco mis pies atados. Con él tomé mi primera sangría en años y redescubrí los colores de un amanecer para al menos comenzar a caminar hacia una nueva dirección y vida, que al final no lo incluiría.

Reflexionando un poco puedo ver que no me enamoré tanto de él como de las cualidades que representaba en ese momento de mi vida. Tenía los atributos que creía necesitar: libertad de pensamiento, valentía, desapego y pocas inhibiciones. En cambio, yo llevaba una vida aguantando la respiración, hablando bajo, caminando tres pasos más lento, sin hacer ruido y luchando con mis miedos. Eduardo, por el contrario, era la dosis de oxígeno perfecta que recibí al sacar mi cabeza a flote y respirar de nuevo, pero, al final, las cualidades que me atrajeron de él fueron las mismas que, una vez descubiertas, me alejaron.

Dicen que, justo después de pasar una gran desilusión, es común recaer en los brazos de algún rescatador, aunque sea el equivocado. Ahora veo que antes de tratar de nuevo, tal como un vino añejo, es conveniente decantar un poco y oxigenarse para despojarse de los sedimentos y los residuos del pasado.

Atribuimos cualidades divinas a las personas y las cosas de este mundo, lo que al final es sólo un gran espejo de distracciones cubierto por humo. Las reflexiones falsas de las sombras de sus personajes y sus ilusiones pueden engañarnos, y nos ocurre a menudo. Existe una flor que se llama flor de campanilla, la cual se abre en la mañana, pero sólo vive un día, y al morir es rápidamente sustituida por otra flor que igualmente durará un solo día; el arbusto parece estar lleno, pero al final se encuentra solitario. Ésta es la cara oscura de vivir en desapego. Todo tiene una razón de ser, existen personas que llegan a tu vida, no para estar con ellas por mucho tiempo, sino para ayudarte a sobrevivir una difícil temporada.

Si no encontramos la respuesta es porque a veces somos nosotros los que necesitamos reformular la pregunta. El propósito no es un plan, sino la expresión de una necesidad de compartir nuestros regalos. La idea de escribir mi primer libro nació como una respuesta a mi propia búsqueda. A veces los sueños no son frutos del amor, sino la respuesta a alguna desilusión. El mundo nos pide que actuemos, que imaginemos, que formemos nuestra propia realidad y luego mostremos resultados, pero yo entonces estaba aprendiendo que quizás el secreto radica en todo lo contrario; simplemente en dejar de insistir en mis grandes ideas y pedir ayuda al Altísimo.

Sentía que lo había perdido todo, que a pesar de tantos años invertidos en mejorarme a mí misma y manifestar mis sueños, nada había aprendido y nada me quedaba. Ahí estaba sola de nuevo, otra noche oscura del alma navegando sin un horizonte a la vista en las aguas oscuras de la incertidumbre, donde sólo podía escuchar el rugido de un precipicio no muy lejano. En esta etapa de mi vida se suponía que descansaría en la certeza y la seguridad, pero ahora sólo vivía en el desvelo de lo desconocido.

El dinero puede darte un lugar de descanso, pero no puede darte paz; puede darte una casa, pero no un hogar; puede darte empleados, pero no una familia. El dinero puede darte protección, pero no seguridad. Al final, el dinero puede darte privilegios, pero no amor.

Cómo nace un escritor

Después del divorcio me tomó tiempo despertar a la realidad de lo que me había sucedido. Tenía muchos sueños, pero ahora ninguno daba frutos, sólo producían obstáculos. Mis músculos de la independencia estaban atrofiados por tantos años de dependencia emocional. Como quien lleva demasiado tiempo sentado en una silla de ruedas, sentía que no tenía fuerzas en las piernas para levantarme y comenzar de nuevo. ¿Qué hago? Era una buena pregunta, pero la mejor pregunta hubiera sido: ¿Quién soy? Porque había olvidado quién era.

Unos años antes, cuando todavía vivía en Puerto Rico, había comenzado un programa de radio por sugerencia de Gladys, una buena amiga y vecina que era dueña de una estación de radio, otro ángel que pudo ver lo que yo misma no podía.

—Sharon, tienes tantas inquietudes y tanta información para dar; pienso que serías espectacular en la radio –me dijo un día.

—Pero Gladys, no tengo experiencia, ni siquiera sé hablar frente a un micrófono –dije.

—No te preocupes, yo te ayudo –añadió.

Y así fue como, una vez más sin mi propia fe, pero siguiendo la seguridad que otro depositaba en mí, comencé el programa.

Me sentía aterrada ante la idea de estar al aire, pero compartía el micrófono con un viejo amigo que era librero y él me ayudó a ganar confianza. El programa en Puerto Rico fue un éxito y, gracias a ese espacio, escribía en un blog sobre varios temas espirituales que debatíamos en la radio y en seminarios con un número reducido de participantes que hacía en mi casa. Mi primer taller fue en una iglesia Unity. Las lecciones eran en su mayoría aprendizajes de la naturaleza, como la no lucha, el cambio constante, las afirmaciones, vivir en el presente, cómo encontrar tu propósito, en fin, no eran muy diferentes de las enseñanzas que hoy todavía escribo, aunque ahora las acompaño de la entrega a Dios.

Igualmente, un escritor nace cuando no puede encontrar lo que busca en otro libro. En ese momento, no tenía editor que lo publicara, pero soy muy buena en arte gráfico, así que diseñé una portada, la imprimí y la coloqué encima de otro libro, así creé mi primer prototipo. Le puse por nombre *Los ciclos del alma*, todavía tengo ese prototipo.

Escribir es un proceso de fe. Escribir un libro puede llevar meses, incluso años. Los escritores nos lanzamos al vacío con la necesidad de compartir, con la única esperanza de que quizás, algún día, ese mensaje pueda inspirar a más de una persona. La mayoría lo hacemos llenos de dudas, víctimas del sigiloso síndrome del impostor, cuando creemos con plena convicción que no estamos a la altura del trabajo asignado e, incluso, al terminarlo, queda esa sensación de que somos mucho menos de lo que otros piensan de nosotros, por ejemplo: si supieran cuán poco calificada estoy verdaderamente. Porque en verdad nunca pensamos que estamos verdaderamente calificados, preparados o listos.

¿Quién soy yo para escribir sobre esto? Siempre repito que no soy tanto escritora como alguien que tiene algo que compartir. El síndrome de impostor, ese que dice que no estás calificado, me hablaba al oído. Escribí el primer libro porque tenía un mensaje que quería comunicar, uno que no había podido encontrar en los libros de autoayuda. Ese mensaje partía de la lección de entregarse a un Dios personal. En las páginas de ese manuscrito plasmé mis nuevos aprendizajes. Dios es el secreto. Aunque nunca fui *coach* o terapeuta, siempre ayudaba dando consejos a personas que sufrían. Porque un día que se nos va sin elevar a otro es un día perdido, decía mi Dada, el gurú. Todavía lo hago, a veces son personas que no conozco, simplemente llegan por medio de algún amigo o por alguna casualidad. Sin embargo, cuando sólo me faltaban unos capítulos para terminar el libro, me ocurrió algo extraño. Comencé a ver un patrón en las personas a quienes ayudaba, eran unos pasos que tenían un efecto inesperado: una entrega especial y una paz que no había visto con otras lecciones de positivismo mental.

Gracias a mis propios fracasos, en vez de buscar manifestaciones, esta vez opté por entregar; en vez de decretar, comencé a hablarle a Dios de una manera más humilde. Invitaba a las personas a quienes ayudaba a hacer lo mismo. Los pasos eran bastante tradicionales, atrás habían quedado todas las prácticas sofisticadas. Las nuevas lecciones eran tan simples como observar, aceptar, agradecer, entregar a Dios, perdonar, soltar y ayudar a otros. La diferencia con otras filosofías consistía en no dirigir sino entregar, cooperar con la voluntad de Dios, esperar lo mejor, pero soltar los desenlaces. El primer paso era dar un permiso especial, como una manera de invitar a Dios por medio de una elección consciente.

Escribiendo sobre la naturaleza y observando cómo su inteligencia se expresa sin obstáculos, trabajando entrelazada entre sí y de manera espontánea, llegué a la conclusión de que los humanos somos los únicos seres vivientes que no cooperamos con Dios, a veces ni siquiera con nosotros mismos. Al contrario, muchas veces elegimos dar la espalda y no participar junto a Dios en su creación. Nuestra arrogancia de creer saberlo todo y de crear un futuro sin su ayuda es lo que produce el caos. Las células, las hormonas, las hormigas y las abejas saben perfectamente lo que tienen que hacer sin cuestionarlo; ellas necesitan moverse por el bien común y no por sus necesidades egoístas. Su credo es la cooperación. En cambio, cuando una célula se rebela contra su orden se convierte en cáncer, y si no logramos erradicarla por medio de los radicales libres, no pasará mucho tiempo antes de que acabe con el mismo sistema que la sostiene.

La corona de ese libro fue el Padrenuestro, me di cuenta de que esa oración tenía un significado más profundo de lo que nos habían enseñado y, a la vez, confirmaba mi teoría. Dios siempre nos ayuda, pero para que esa ayuda no sea limitada por nuestros propios deseos, necesitamos ser partícipes al decir las palabras milagrosas que lo cambian todo: «Hágase tu voluntad». Así fue como comencé a orar el Padrenuestro día y noche, incluso con las cuentas del rosario. Mi meditación ahora era una versión de la oración que nos enseñó Jesús, adaptada a la primera persona, la cual luego compartí en el libro. El mismo día que terminé el manuscrito, que estaba perfectamente organizado y editado, una vez más la serendipia me visitó. Esa misma tarde recibí una llamada de mi amiga Giova, que en ese tiempo trabajaba en una casa editorial en España; la había conocido unos años antes en Barcelona, cuando todavía no pensaba escribir el libro. Ella acababa de llegar a Miami, donde se reuniría con otros escritores, y me invitó a almorzar. Le entregué el manuscrito y se lo llevó sin promesas. Pasaron dos meses cuando me dio la gran sorpresa: la editorial, tras algunas correcciones que ella misma sugirió, lo había aceptado.

En el pasado promoví a otros autores sin saber que estaba pavimentando mi propio camino. A veces, lo que más admiramos en los demás es precisamente lo que necesitamos desarrollar en nosotros mismos. La admiración es como un compás que nos muestra una primicia de nuestros propios sueños. Por ese motivo la envidia resulta tan destructiva, pues implica una admiración distorsionada por la ira en la que se resiste el logro de otro, partiendo de la premisa equivocada de que la vida es injusta y no tenemos lo necesario para triunfar, destruyendo así la oportunidad de descubrir nuestras propias posibilidades, porque no se puede envidiar realmente lo que en un principio no se desee para uno mismo.

La fe es creer sin evidencia. El aventurarnos hacia tierras desconocidas sin garantías puede premiarnos con una gran sorpresa al final del camino. Hacer lo máximo donde estemos y como estemos, acompañados de la fe y del deseo de ayudar sin esperar nada a cambio, es la fórmula infalible. Es importante tratar con amor a todas las personas que encontremos en el camino, no por interés sino por sinceridad, ya que todas las personas tienen el potencial de ser unos grandes aliados.

Giova y yo, además de una relación laboral, mantenemos una linda amistad, una hermandad a la italiana, que nos hace encontrarnos cada año en alguna ciudad del mundo para filosofar hasta el amanecer. Uno de los más bonitos encuentros que tuvimos fue en Milán. En esa ocasión tuvimos una hermosa cena con un librero y un conocido escritor italiano. El regalo que me dejó el escritor fue sobre la importancia de conocer la etimología de las palabras, ésa es una lección que nunca olvidé; él me aseguró que el significado secreto que se encuentra dentro de las palabras es lo que propulsa nuestra vida. Todos tenemos un mensaje que compartir con otro. La sinceridad y la autenticidad no se olvidan fácilmente.

Muchas personas me dicen que quieren escribir, pero acto seguido enumeran todas las razones por las que no pueden hacerlo, dicen no tener tiempo, no saber escribir bien, no contar con la editorial ideal, no poseer estudios. Sucede lo mismo con la mayor parte de nuestros sueños y, si yo hubiera considerado estas razones, no habría comenzado nunca. Se empieza donde estamos, nos hacemos prolíficos con la práctica, nos volvemos expertos editando, y seremos maestros corrigiendo los errores. La edición de un libro es la parte más difícil, es como editar una vida, como podar un jardín. Implica dejar ir algunas buenas ideas y limpiar el camino de las distracciones con el fin de abrir un espacio para que brille lo verdadero. El mejor consejo es simplemente sentarse a escribir, el segundo es la humildad de escuchar las críticas, sí, a veces son necesarias. No se puede llegar a un destino desconocido sin comenzar a caminar y, aunque el corazón es el principal compás, no se puede pretender llegar sin la humildad de recibir algunas direcciones.

La publicación del libro *Los ciclos del alma*, en Barcelona, me llevó a visitar varias ciudades de Europa, Estados Unidos, Centroamérica,

Suramérica y también el Caribe, promoviendo durante varios años las lecciones de la entrega que proponía en el libro y que tanta paz me habían brindado. Curiosamente pude notar una lección que se repite en cada lugar: no importa la ciudad que se visite, y es que los retos y el sufrimiento son los mismos en todas partes, porque se basan en los mismos problemas: desesperanza, vacío y falta de perdón. En todas las ciudades me decían que su gobierno estaba en crisis, claro, algunos países están en una peor situación que otros, igualmente pareciera que cíclicamente entramos y salimos de esos estados de conflicto extremo por medio de una ruleta que nos asigna un turno al azar, sin que podamos hacer nada.

—Este mundo es una m... –palabras sabias de un lector.

—Todo depende de cómo se mire –le contesté.

Lo sé, ¿cómo decirle al mundo que la crisis exterior además de ser causada por los gobiernos injustos es también un reflejo y un síntoma de la crisis interior que estamos viviendo por habernos desconectado todos voluntariamente de nuestra riqueza mayor? Sucede cuando nos olvidamos de aquello que nos da la verdadera paz, cuando nos alejamos del amor de Dios, pero no siempre estamos separados de Dios. Hablo a diario con personas devotas que igualmente tienen pérdidas: hijos, madres y hermanos que una mañana ya no están al despertar. Ninguna se lo ha merecido, Jesús tampoco; no es un castigo, ni lo han atraído. Sólo sé que resistir o negar la realidad del exterior únicamente traerá más sufrimiento, en cambio si la aceptamos –lo que no quiere decir que la celebremos– descubriremos que, incluso, en el peor caos, siempre podemos sacar algo bueno. Cuando asumimos nuestra parte en esta vida, indiscutiblemente, tendremos la paz. No somos culpables de todo, pero te aseguro que en cada conflicto somos responsables de algo. No puedes proyectar lo que no tienes dentro, no puedes dar lo que te falta, tampoco puedes cambiar en otro lo que tú todavía no has conquistado. Si tienes angustia, darás angustia, por eso la gran lección que compartía en ese libro era la de ir primero a Dios y conectarse con él al decir las palabras: «Te entrego mi vida, mis preocupaciones y mis manos, expresa a través de ellas mi máximo bien».

Aportar un poco de esperanza es un gran regalo que me tomo muy en serio. Dar charlas y firmar libros por librerías en Europa y América era una vida que no me hubiera podido imaginar. No se trataba de que no la hubiera soñado, pero no la creía posible, sin embargo, cada paso que me atreví a dar sin tener un piso firme que lo recibiera me acercó un poco más al propósito, que no era tanto el sueño de ser una escritora reconocida como el de compartir un mensaje esperanzador.

El propósito llega acompañado de retos. La escritura tiene un momento pasivo, otro reflexivo, otro de inspiración y otro de creatividad, pero luego viene el momento de defender tu proyecto.

La vida tiene ritmos, se expande y se contrae; si por mí fuera, me mantendría permanentemente contraída. Me encanta el público, pero en el fondo soy muy tímida, prefiero mis pijamas a las cámaras de televisión, para hablar públicamente tengo que hacer un gran esfuerzo, pero cuando pongo mi atención en ayudar, en vez de qué me va a faltar, supero los miedos. Recuerdo una de mis primeras entrevistas, en un canal importante.

Al continuar en la promoción del libro me di cuenta de que estar expuesta al público es un gran privilegio, aunque a la vez tiene un alto precio. Cuando el tema es Dios, no siempre es bienvenido, la mayor parte de las veces está prohibido decir la palabra Dios por miedo a ofender. Esto se intensifica cuando el tema es espiritualidad. Hay un solo Dios, pero hay tantas maneras de verlo que no hay forma de hablar de Dios sin que alguien se ofenda, especialmente en estos tiempos. En una ciudad en particular, me encontré con una gran resistencia cuando comencé una charla hablando sobre Dios. La mayor parte del grupo era agnóstico. En ese momento no lo sabía, luego me enteré de que la Iglesia les había dejado graves heridas por medio del gobierno. Lamentablemente, esto sucede a menudo cuando la política y los gobiernos se mezclan con la religión.

—Iré mejor preparada la próxima vez –le dije a mi editor–. Sé cómo hablar a un ser herido por la Iglesia perfectamente, comprendo cómo se siente.

En esa ocasión, al hacer la oración al final de la charla para conectarnos a Dios, una chica joven como mi hija se levantó sin más y se fue del salón. Era mi primera charla en esa ciudad, sentí una tristeza tan grande que al salir no dejé de llorar. Terminé en una sala de cine para distraerme, con la mala suerte de que la película resultó ser trágica, así que no funcionó. No podía quitarme a aquella joven de la cabeza, era como una oveja perdida, pero realmente fue su parecido a mi hija lo que me afectó. Desde ese momento, aprendí que mi mensaje es dar sin esperar a cambio, una vez más, tenía que aprender la lección de los budistas sobre el desapego. Es una arrogancia pensar que nos toca salvar al mundo. A la semana siguiente, recibí un email de esa cadena de librerías: mi libro había llegado al número uno en la ciudad.

Ahora cuando hablo de Dios comienzo con una exención de responsabilidad:

—Voy a hablar sobre Dios, porque no tengo un mejor nombre.

Luego les digo:

—Un momento, el Dios de quien hablo no es el mismo que te hizo miserable en el colegio cuando eras pequeño o que tu gobierno utilizó para justificar sus injusticias.

Y entonces viene la gran pregunta:

—¿Eres espiritual o religiosa?

Entonces, contesto:

—A ver, dice la RAE que religión es un «conjunto de creencias o dogmas acerca de la divinidad». ¿Y espiritual? La RAE dice que es una persona «muy sensible y poco interesada por lo material», así que soy más espiritual que religiosa, porque no creo en dogmas, sin embargo, según la RAE para ser espiritual no es un requisito creer en Dios, y creer en mi Creador no es negociable, al menos de la forma que yo elijo creerlo.

En otra ocasión fui invitada a hablar en Guatemala. No olvidaré una hermosa cena organizada por buenos amigos en la ciudad de Antigua. Cuando me desperté por la mañana, el volcán me recibió con su esplendor. En el auditorio había cerca de mil personas en una gran sala, la mayoría mujeres. Tengo lindos recuerdos de esta ciudad y su gente, son muy devotos y la charla fue un éxito. Al terminar, cuando estaba cenando con los organizadores, una señora insistía en verme. Al verla me levanté y fui hacia ella.

—¿En qué la puedo ayudar? –le pregunté.

—Quiero decirte que soy una enviada de Dios y regularmente hablo con él.

Pensé que eso me traería problemas.

—Dios se me reveló en tu charla y me dio un mensaje para ti.

En ese momento no sabía si quedarme allí o correr hacia el lado opuesto.

—Tu mensaje es muy bonito, Dios te está utilizando, pero él me dijo que no puedes cambiarle la oración del Padrenuestro, no está contento con eso.

En las charlas acostumbro a recitar una versión del Padrenuestro en primera persona, en vez de en tercera como figura en la Biblia. Además, le añado unas palabras para clarificar y sacar a las personas del modo automático de recitarla, en realidad, lo hago así todavía. Le expliqué que lo hacía con mucho respeto.

—Muy bien, se lo agradezco –le dije–, lo tendré en cuenta.

—Pero hay algo más. Dios me dijo que iba a hacer una revelación en tu vida y ya no tendrías más duda sobre su existencia. Ya verás…

En ese momento, las palabras de la señora no tenían sentido, así que descarté lo dicho, pero más tarde comprendí lo que había vaticinado. Dios tiene su manera de enviar los mensajes.

Los testimonios de vida que me llegaban a raíz del libro me sorprendieron, eran personas que regresaban a Dios por el Padrenuestro o simplemente diciendo: «Hágase tu voluntad». En mi propia vida, la novedad era que no había novedad, estaba tan acostumbrada a los altos y bajos de las emociones, que la paz me parecía extraña. En broma decía que necesitaba algo de drama en mi vida, hasta sentía que me hacía falta. Pienso que por esa razón los latinos necesitamos las novelas, es como azúcar emocional. Los estados emocionales son adictivos, el drama es como una droga y en cierta manera nos acostumbramos a ella.

Una ventana al cielo

Los escritores somos transformados por cada uno de nuestros libros. Eso me sucedió una vez más en el proceso de escribir *Las 12 promesas del alma*. Después de los testimonios del primer libro, mi intención al escribir el segundo era hacer un resumen de los principios más importantes para conseguir una sanación espiritual, pero al llegar al punto que decía: «Prometo nunca olvidar a quien me envió», me di cuenta de que no estaba tan segura de «sobre quién» hablaba. Caí en una nueva crisis a causa de la pregunta y muy pronto regresé a la adolescencia que todo lo cuestiona, pero en esta ocasión la adolescente comenzó a cuestionar su propia adolescencia. La misma que antes había retado a la religión tradicional, ahora cuestionaba su propia espiritualidad liberal. Cada libro comienza con una sola pregunta, recuerdo la del primer libro: «¿Cuál es el secreto de todo?».

En mi segundo libro la pregunta era: «¿Quién es Dios?».

Esa pregunta no era nueva, me la hizo por primera vez un amigo que conocía mi evasión natural hacia todo lo que girara alrededor de la palabra «compromiso». En esa ocasión, él quería tratar de convertirme a su religión, pero yo era muy feliz viviendo como un ser universal y sin ataduras dogmáticas. La libertad es algo que valoro más que la seguridad, pero su pregunta me tomó por sorpresa:

—Sharon, imagina que caes en un hueco profundo y sin salida, ¿a quién invocarías si tu vida o la de tu hija corrieran peligro y dependieran de ese ser?

Su interrogatorio fue bastante desconcertante y, aunque me había interesado por diversas religiones, desde Buda hasta Krishna, en ese momento no tuve ninguna duda: en un caso de vida o muerte llamaría a Jesucristo, a la Virgen María y a san Miguel Arcángel, por supuesto. Y es que cada cual llama a la figura que conoce como un lenguaje materno. Curiosamente, en la vida real llamarme «cristiana» era la definición más lejana posible para describirme teológicamente, más por el rechazo a lo que implica comúnmente por el fanatismo de algunos, que por mis propias creencias. A pesar de que éstas son tan diversas, estaba claro a quién llamaría en una emergencia. En esa época, tanto mis amigos evangélicos como los católicos me consideraban un caso perdido de confusión universalista, mejor descrita como una perfecta pagana.

En ese momento me di cuenta de que mi conocimiento sobre el cristianismo no había evolucionado desde mi escuela elemental, o sea, desde cuarto grado. Entonces no era justo escribir sobre otras filosofías y religiones sin saber algo más de la propia. Igualmente, aproveché el momento para hacer un repaso de las creencias de las otras religiones que había adoptado. ¿Por dónde comenzar a estudiar el cristianismo? A pesar de decir el Padrenuestro, desconfiaba del catolicismo; entre las teorías de conspiración del *El código Da Vinci*, sus escándalos y las comparaciones con la ramera de Babilonia, les tenía muy poca confianza. Tampoco quería las versiones protestantes, evangélicas y de Calvino, quería ir lo más cerca del origen. ¿Quién tiene la interpretación más fiel a la original?

Comencé por la pregunta: ¿dónde se inició el cristianismo? ¿No es una sola Iglesia santa, católica, apostólica y romana? Según Hechos 11, la primera vez que se les llamó cristianos a los seguidores de Jesús fue en Antioquía, esto sucedió antes de que Pedro continuara su viaje hacia Roma. No son muchos quienes saben de la existencia de los «otros» católicos. La Iglesia de Oriente y Occidente o Roma, durante mil años, fue una sola, hasta que se produjo el cisma de 1054, cuando el patriarca de Oriente y el papa de Roma se excomulgaron mutuamente en un conocido altercado eclesiástico. La Iglesia católica es una apostólica, pero no es sólo romana, sino que tiene una veintena de ritos diferentes. Está compuesta por una Iglesia occidental y veintitrés orientales, en las que la mayoría de sus sacerdotes tradicionalmente se han casado. Aunque el más grande de los cultos es el romano o latino, se trata de una fe bastante diversa en sus ritos e idearios. Por ejemplo, el Oriente y Roma no se ponen de acuerdo con el orden de la Trinidad, y tampoco sobre el dogma del pecado original. En Oriente acusan a san Agustín de tergiversarlo. Todo esto resulta complicado.

Yo quería hallar una Iglesia que fuera heredera directa de estos primeros cristianos de Oriente Medio. Encontré una de estas Iglesias originales de Oriente, pero visitarla… Desafortunadamente, Damasco está muy lejos y Siria, ahora, no es un lugar seguro, pensé.

En la actualidad, muchas Iglesias evangélicas modernas se propagan independientemente o por medio de franquicias, pero decidí indagar para aprender sobre las Iglesias apostólicas antiguas que se difundieron por medio de una sucesión apostólica y, de esa manera, tratar de identificar su linaje. Considero que estas tradiciones están, al menos, más cerca del origen.

Lo que encontré no me lo esperaba: en Miami aparecía una dirección en la que se hallaba una iglesia de Oriente, pero del rito griegocatólico. Miré nuevamente y no podía creerlo. ¡Era precisamente la iglesia que estaba frente a mi departamento! Una iglesia greco-bizantina. Corrí y me asomé por la ventana. Había visitado esta iglesia anteriormente, pero en mi ignorancia no me había percatado de que no era del rito romano. Lo más cerca que había estado de ella, a pesar de tenerla frente a mi edificio, era cuando le enviaba (desde cincuenta pisos más arriba) mis oraciones. Como quien busca ganar confianza, comencé a visitar la iglesia para escuchar su música, encender velas y orar en silencio. A medida que leía y aprendía sobre el cristianismo bizantino de Oriente, me daba cuenta de que los estudios sobre Jesús que había realizado, tanto en las filosofías modernas como en el catolicismo lleno de culpa que yo recordaba, eran incongruentes.

Aunque no la recordaba, anhelaba sentir esa fe, esa certeza de su identidad que tienen los que no dudan. Entonces, una tarde me paré frente a la ventana de mi departamento, miré hacia la iglesia y le dije a Jesús, como una niña desafiante: «Si tú de verdad eres Dios, entonces muéstramelo sin lugar a duda, revélame tu identidad, porque no puedo entenderlo». Aquello no fue tanto un reto como una demostración de frustración.

Dos semanas más tarde, llegué al capítulo que escribí en mi libro sobre la confesión. Nunca había hecho una. Había logrado escaparme de las filas del confesionario desde la escuela primaria que cursé en un colegio católico. Me propuse hacerla, pero tenía claro que sólo como parte de un proyecto de investigación. Recordaba haber leído que la confesión era un tipo de exorcismo, mediante la cual se cortaban lazos con los errores reconocidos del pasado. No era una mala idea. Antes me repetía que no la necesitaba, además, me negaba a ir a un oscuro cubículo con una cortina cuadriculada a explicar mis intimidades a un perfecto desconocido con sus propias imperfecciones y falta de experiencia en la vida.

Una señora muy devota me sugirió que hiciera la confesión en esa iglesia oriental. Me aseguró que era especial y que valía la pena la experiencia. Un día me explicó cómo se hacía la confesión en ese rito, que es diferente al católico-romano, e, incluso, me acompañó. Dios utiliza a las personas menos esperadas para traernos un mensaje, algunos piensan que, si alguien no tiene conexiones sociales en la vida, no puede ayudarnos, pero nos olvidamos de que existen personas que, aunque humildes, por su sinceridad pueden tener más conexiones con Dios que cualquier líder religioso, no hay nadie tan humilde que no tenga algo que darnos.

La confesión bizantina me sorprendió, porque nuestra cara no se esconde dentro de un confesionario, sino que ocurre frente al altar de la iglesia, y mirando hacia un ícono de Jesús. Las iglesias orientales no tienen estatuas, sólo íconos, que son pinturas tradicionales. Tampoco exhiben el vía crucis, pero sí íconos que resaltan la resurrección. Cuando comenzó la confesión frente al altar de la iglesia, estábamos totalmente expuestos, libres de cortinas y divisiones visuales. Traté de hablarle al sacerdote, que estaba muy cerca de mí, pero en ese momento y muy delicadamente él hizo a que le hablara directamente al ícono de Jesús. Una cosa es decir tus transgresiones a un sacerdote, y otra es hacerla mirando a los ojos de Jesús.

Antes de entrar en la iglesia para hacer la confesión no podía recordar ninguna falta, esto no es raro partiendo de mi creencia, que aseguraba que no podíamos cometer errores, y que todo lo hecho está en «perfecto orden», según sostenía mi antigua filosofía de vida. La manera de manejar el pasado era negando su realidad, porque no importa lo que hagas, no hay forma de escaparte; el karma —esa temible ley de causa y efecto—, de todos modos, te alcanzará y te las cobrará en esta vida o en la otra. Entonces, ¿para qué pedir perdón?

En ese momento únicamente recordé haber hecho llorar a mi abuela cuando era adolescente, pero luego me ocurrió algo muy extraño que sólo puedo definir como una experiencia que sigue siendo un gran misterio. En medio de la confesión, sentí un golpe en el pecho justo en el corazón, como si el mismo Jesús me hubiera flechado, era una sensación física, como si el tiempo se hubiera parado y la presencia de Jesús o quien yo pensaba que era. No tuve visiones, salvo interiormente, era una ola del pasado, como si me hubieran mostrado la película instantánea de cada falta que había cometido, como al parecer sucede al morir. No me sentí juzgada, al contrario, de este Jesús o de esa luz sólo sentía desprenderse una gran compasión, un inmenso e indescriptible amor. En cambio, yo, en medio de una gran vergüenza, sentía como si antes hubiera abandonado a un amigo, a quien también le había faltado. El aborto que viví en mi juventud que pensaba que había olvidado salió a la luz y en ese momento pude ver perfectamente la falta cometida, no era culpa, sino un profundo abrir los ojos y un gran darse cuenta. Cometemos las faltas en un momento de inconsciencia, pero, una vez despiertos, no podemos continuar culpándonos por una elección tomada antes de tener la madurez de ver las consecuencias de nuestras acciones, y, por otro lado, es sanador al fin reconocer, aceptar y luego dejar ir cargas que ni siquiera sabemos que llevamos a cuestas. Sentía el cargo de conciencia, pero al mismo tiempo podía ver cómo el fuego de su amor me había perdonado. En ese instante, entendí perfectamente el verdadero significado de la palabra «arrepentimiento» que es *metanoia* en griego; cambio de mente, de corazón y de dirección, y por qué es tan importante al menos abrirse a la oportunidad de admitir los errores y pedir perdón. No por negar las faltas desaparecen, siguen allí corroyéndonos interiormente. Éste fue el final de la técnica de la negación en mi vida. También me di cuenta de que a veces la habilidad de ver las faltas es un regalo que el mismo Dios te da, porque si no puedes verlas, ¿cómo pedimos perdón por lo que no se puede ver? Hay que dar el primer paso, pero, una vez que lo das, recibes ayuda para darte cuenta. El perdón es inmediato, la culpa se fue, se terminó la lección. Así es el cristianismo: aunque existen consecuencias por nuestras faltas, no existe el karma que te devuelve la experiencia, ni el ojo por ojo, sólo el perdón de Dios. ¡Era libre!

Lo más impactante de la experiencia fue ese reconocer especial de la identidad y presencia divinas. Ahora comprendía ese cambio de corazón que tantos expresan. Entre sollozos, alegría y vergüenza, sentí que mis rodillas se doblaban solas en reverencia, no era «temor de Dios», sino un profundo respeto que no lograría sentir ni siquiera por el rey más importante.

En ese momento, el sacerdote, sin darse cuenta de lo que me había ocurrido, me cubrió con su estola y me bendijo, colocando un gran crucifijo sobre mi cabeza. Luego repetimos internamente una oración para el perdón que recomiendo hacer a cualquier persona que quiera comenzar de nuevo: «Por estas y por todas mis faltas, incluyendo las que no recuerdo, sinceramente, lo siento mucho, y prometo con la ayuda de Dios enmendar y corregir mi vida. Por esta razón, humildemente, te pido, mi Dios la absolución». Pienso que el perdón es algo que nadie puede darnos, ni hacer por nosotros, sólo Dios, pero a veces necesitamos a alguien que nos lleve de la mano, porque el miedo puede evitar que lleguemos hasta ese necesario estado de perdón.

En este rito el sacerdote repite las palabras de Jesús: «Tus pecados te son perdonados». Nada puede evitar el perdón de Dios salvo nosotros mismos si primero no somos capaces de aceptar su perdón y perdonarnos.

Sobre los íconos, más tarde me enteré de que en la Iglesia bizantina no son un arte común. Su pintura conlleva un proceso especializado de meditación y ayuno de cuarenta días por parte de los artistas, quienes son fieles a la tradición de san Lucas, el evangelista, según su antigua historia el primer artista iconográfico. El ícono representa la imagen transfigurada de Jesús, María y los santos. En otras palabras, para ellos no es un cuadro común, sino una ventana al cielo; tal como un ícono en una computadora te lleva a un espacio definido, para ellos mirar el ícono sagrado te lleva a transcender a la dimensión del cielo para tener una experiencia con Jesús, por ejemplo. Esta información no la supe hasta mucho tiempo después de haber tenido la experiencia, pero lo explicaba todo. Esa sensación se me quedó un tiempo en el corazón, suspiraba a menudo. Trataba de explicar a algunas de mis amistades lo que me había sucedido, pero realmente sentía que me juzgaban como otra fanática convertida que dice «haber nacido de nuevo», otros quizás pensaban que me había contagiado con algún virus.

¿Cuál era mi nueva definición? ¿Una católica de Oriente nacida de nuevo?

—¡Vaya! Qué bien –me decían mis amigas de la Nueva Era e, inmediatamente, cambiaban de tema con una sonrisa artificial de beneplácito.

Un día no muy lejano, me encontré con una antigua amiga que conocía mi trayecto espiritual. Cuando me preguntó qué había de nuevo y le expliqué sobre las nuevas lecciones aprendidas del cristianismo, me dijo sin pudor: «Parece mentira que después de recorrer tantos caminos filosóficos inteligentes hayas terminado en el catolicismo». En lindas palabras me había llamado ignorante. En contraste, mis amigos que ya eran devotos cristianos evangélicos o católicos, me aseguraban (con algo de condescendencia) que durante años habían orado por mi alma para que se salvará. La definición más linda me la dio una amiga judía ortodoxa que vive en Israel.

—Sharon, eso [la sensación en el pecho] fue una circuncisión del corazón —me aseguró, haciendo alusión a las palabras de Deuteronomio 10 sobre cambios profundos internos.

Tras este primer encuentro con la presencia divina podemos ver cómo el corazón encendido por la luz de Dios, con el tiempo, comienza a cambiar nuestra mente. Esa pequeña luz en el corazón empieza a alumbrarlo todo.

Cuando estamos bajo el sol, nos bronceamos no por voluntad, sino porque al exponernos permitimos que sus rayos toquen nuestra piel; si estamos arropados (con duda, distracciones y arrogancia), no recibiremos la luz. Lo mismo ocurre dentro de nosotros, a Jesús también se le llamaba Emanuel, que significa «Dios con nosotros», que es el Dios eterno que en el interior nos sana con sus rayos. Si Dios es la luz y si miramos sólo en su dirección, el resultado será que su reflejo inundará nuestras vidas y lo aclarará todo.

Entonces nos daremos cuenta de que nuestra mente comienza a tener pensamientos diferentes. Este cambio ocurre espontáneamente, sin aviso y sin buscarlo; a veces llega como respuesta a un ruego, otras como un relámpago o por la oración de alguien, pero siempre es un regalo de la gracia y de la intención de mirar hacia él. Walt Whitman decía que, si mantienes tu cara mirando hacia el sol, las sombras caerán detrás de ti.

Es cierto, la luz elimina la oscuridad al llenarla de sí misma.

La transformación es un proceso y no un suceso, no somos perfectos, pero Dios dentro de nosotros sí lo es, y el camino tampoco es recto, constantemente vuelvo a cometer muchos de los mismos errores del pasado; no creo que sean pruebas, sino recordatorios de nuestra vulnerabilidad.

Nuestro destino es permitir que Dios nos vaya purificando poco a poco, iluminados por su amor. Dios es como el fuego, todo lo consume para convertirnos en sí mismo.

Tras esta experiencia me propuse estudiar filosofía y teología del cristianismo bizantino oriental. Encontré un aliado con experiencia que también se dedicaba a formar seminaristas, además, era monje cristiano, pero en su pasado había sido protestante y, como dato curioso, había vivido en la India. Respetaba tanto a los budistas como a los hinduistas, imposible replicar a este bello ser. Fue este *abouna*[1] quien me ayudó en el aprendizaje y en mi transición por las aguas del Ganges para llevarme de regreso al mar de Galilea. Lo hizo sin necesidad de enjuiciar las otras religiones, de otra manera no hubiera podido ser posible nuestra comunicación. No hay nada como caminar en los pasos de otros para comprender.

Los de Occidente nos hemos apropiado del cristianismo, y con arrogancia predicamos nuestros valores, pero su origen no es occidental. Jesús comenzó a predicar en la antigua provincia romana de Judea, que ahora llaman Oriente Medio.

Pienso que, en todas sus formas, el cristianismo tiene algo que mostrar, pero prefería esta versión de Oriente, desposeída de la carga de la historia medieval, sin el peso de la culpa, con un vocabulario y una narrativa más compasivos, al menos mi maestro sí lo era. Buscaba explicar a otros lo que había sentido, pero en un nuevo idioma y lejos de la palabra «religión» y más cerca de un estilo de vida, porque ésa fue la intención original de los primeros seguidores de Jesús, pero a causa de un cristianismo forrado de legalismos, no había podido ver su lado místico.

Recordé a la señora religiosa que se había acercado a mí en Guatemala y que me aseguró que tendría una revelación. ¿Sería posible que ella se refiriera a esta experiencia? Tras aquel encuentro, pasé una etapa de introspección que coincidió con el lanzamiento de mi segundo libro. Rápidamente pasé un momento de caos, un pequeño terremoto donde se movieron los mismos cimientos de lo que yo llamaba «seguridad». La transformación es como una remodelación, antes de embellecer una casa, primero conlleva desmantelarla y eliminar los escombros. No eran castigos sino regalos, porque fueron consecuencias de

---

1. *Abouna*, palabra de origen arameo que significa 'nuestro padre', se utiliza en la Iglesia cristiana de Oriente ortodoxa.

varias situaciones reveladas que antes no podía ver. No se puede pintar sobre una pared llena de grietas.

Una experiencia con Dios no necesariamente ocurre frente a una iglesia con un llamado al altar o diciendo las palabras correctas. A veces ocurre cuando alguien te dice unas palabras que te tocan el alma, cuando contemplas un amanecer, lees algo sobre una verdad que resuena, o tienes alguna experiencia en la vida que por medio de la humildad te invita a rendirte, ya sea por voluntad propia o porque no hay otro remedio. La *metanoia* es entregar y a la vez despertar, para que por medio de una nueva perspectiva puedas mirar todo con nuevos ojos, porque la transformación no es superficial, sino que ocurre desde el interior.

Después de vivir la experiencia en esa iglesia, comencé a visitar otras, incluyendo católicas y protestantes, buscaba perspectivas de varios grupos y denominaciones, desde conservadores hasta carismáticos; de todos ellos aprendí. Algunos de estos grupos son muy devotos y disciplinados, pero muy pronto me di cuenta de que varios, al excluir a todos los demás, no hablaban del mismo Jesús que yo conocí. Como decía el teólogo Meister Eckhart, «los teólogos discuten, los místicos tienen el mismo lenguaje». Lamentablemente, muy pronto caí en cuenta de que a menudo no era fácil hablar de la experiencia de Dios sin terminar perdidos en laberintos sin salida de fundamentalismo, dogmas y doctrinas. La culpa, el fanatismo, el infierno, la exclusividad y el castigo no eran parte de mi experiencia. Igualmente, encontré otras personas que se relacionaban con la religión por el poder, la política y la ventaja. Por otro lado, no era tan fácil encajar en el contexto cristiano clásico con mi equipaje del pasado, mientras ellos hablaban de tener un solo matrimonio y abundantes hijos, yo era todo lo opuesto, cargaba con muchos matrimonios y una sola hija.

Tampoco es que niegue el arrepentimiento ni las consecuencias de nuestros actos, sino que considero que es más efectivo que el enfoque de la fe se concentre en las buenas noticias y no en el miedo. Esta antigua manera de promover a Dios era como evitar la guerra y promover la paz por medio del aumento del armamento.

Estudiar sobre nuestro origen y destino desde el punto de vista del perdón era la perspectiva que me faltaba sobre Jesús y sobre Dios. Las nuevas lecciones de este catolicismo procedente de Oriente diferían de las occidentales en que se basaban en una relación de participación y de sinergia con Dios, no en el miedo o la culpa. También aprecié que sus doctrinas no se centran en la condenación eterna, aprendí que si hay un infierno es porque lo elegimos, pero el cerrojo de sus puertas está por dentro. Nos condenamos y nos esclavizamos nosotros mismos, pero la puerta hacia Dios siempre está abierta. Mi Dios no podía ser menos compasivo.

Fue de esta manera que las antiguas lecciones de mi fe, pero presentadas desde la misericordia, colmaron mi sed intelectual y filosófica, al fin el cristianismo tenía sentido. La tradición, la devoción y el perdón me ganaron con su belleza y me llevaron a una nueva comprensión del porqué de nuestra existencia.

Una vida, muchos dioses

Existen dioses que se repiten en los mitos de cada cultura, desde la mitología celta, griega y romana, hasta la de los incas, los aztecas y los africanos. Todos han tenido sus versiones de estos dioses de la naturaleza. En el Caribe tenemos nuestra propia versión de la diosa Yemayá, la misma que invoqué un día de experimentación al lanzarme en las aguas del mar para despojarme. Deidades de varias culturas están representadas en el arte místico de tales culturas, algunas de formas hermosas, otras de manera grotesca. Escuchamos la palabra *pagana* como un desprecio y un sello de condenación al infierno, pero los humanos llevamos evolucionando en la Tierra durante más de 350 000 años, mientras que las religiones monoteístas (un solo Dios) que se originaron en Abraham, como el judaísmo, el cristianismo y el islamismo, apenas tienen sus comienzos 3 500 años atrás, y cuando las miramos de cerca, vemos como en algunos aspectos no hemos evolucionado mucho. Los paganos y varias culturas tribales mantenían felices a sus dioses por medio de sacrificios, que incluían desde los corazones humanos de sus hijos hasta frutas, cobre y veneración; de esta manera aseguraban una buena cosecha y evitaban, según las supersticiones, que la ira de los dioses los exterminará por medio de un terremoto o una plaga. La misma Biblia cuenta muchas de estas historias con la mentalidad de sacrificios, favoritismo, castigo y apaciguamiento de un dios emocional que es atribuida al Dios que conocemos en el Antiguo Testamento, lo que puede explicar que muchos escribas al transcribir lo que hoy conocemos como Biblia hayan contaminado al Dios verdadero con esa manera de relacionarse con sus antiguos dioses paganos, que según sus supersticiones eran temperamentales, castigadores y exigían sacrificios. Éste no es mi Dios, y no creo en que envió a su Hijo a fin de sacrificarlo para sí mismo y calmar su propia ira, todo lo contrario, Jesús es un regalo para mostrarnos un ejemplo. Jesús llamaba a Dios Abba, un nombre personal para alguien muy familiar. «Abba, Padre, para ti todas las cosas son posibles...».[2]

Un día, hace años, rodeada de católicos e influenciada por mi nuevo regreso a la Iglesia, pensé que tenía demasiados dioses, y que había creado una burocracia celestial, así que me propuse romper con todos y simplificar mi vida espiritual al quedarme con un solo Dios. En la redada se fueron diosas y elefantes. Traté de hacer lo mismo con mi hija cuando le pedí que se deshiciera de sus imágenes. Al final, gracias a su independencia, negoció sus cuarzos y un amuleto. Ella no entendía qué le había sucedido a su mamá: antes tenía un gurú y amaba al Dalai Lama, y ahora había cambiado su mala por el rosario. Pero esto una vez más cambiaría, gracias a una desilusión, porque el crecimiento espiritual no es estático.

No se puede negar que el panorama de la fe moderna está sometido a un gran cambio. En Estados Unidos, el número de adultos que se identifican con una religión organizada va en descenso. La filiación al cristianismo se está reduciendo. Este giro incluye tanto a grupos de católicos como de protestantes. Curiosamente, el número mayor de aumentos ocurre en grupos que no están afiliados a ninguna religión. Aquellos que dicen no pertenecer a «ninguna religión en particular» o a «nada» ahora constituyen el grupo de más crecimiento; los ateos y agnósticos de ese grupo son un alto porcentaje. El crecimiento también se debe a los muchos jóvenes que se declaran como no afiliados a ninguna religión. Igualmente, el fanatismo en la religión que ha lleva-

---

2. Marcos 14.36.

do a algunos cristianos a formar parte de los extremos en la política, ha espantado a muchos. *No creer en nada en particular* (un grupo al que se le llama «nones» en inglés), no significa que la gente haya dejado de creer en algo, no todos son ateos o nihilistas. Al contrario, cada vez existen más personas que se llaman a sí mismas espirituales, pero no religiosas. Algunos por ejemplo han retomado el estoicismo, reviviendo la filosofía de la razón por medio de Marco Aurelio, Séneca y Epicteto, entre otros. Y no podemos olvidar la neurociencia y el conocimiento propio como caminos válidos para aprender sobre la felicidad.

Entre las razones por las que no se identifican con ninguna religión, muchos mencionan la desilusión por los abusos cometidos por la Iglesia, algunos aseguran que la religión es un negocio y otros que no están de acuerdo con las doctrinas de exclusión de la mujer en posiciones de liderazgo espiritual, o la homofobia. Las nuevas generaciones van a la universidad y ahora creen en la evolución. Otras personas dicen que prefieren una relación personal con su Creador, sin necesidad de intermediarios.

La llegada del COVID-19 tampoco ha ayudado a que los números de fieles aumenten. Tras la dispensa de la adoración desde el hogar, según algunas encuestas católicas, un alarmante porcentaje de creyentes de los niveles pre-pandémicos no ha escuchado el mensaje de regresar físicamente.[3]

El nuevo ateísmo científico está de moda entre las universidades, que también atrae a los jóvenes de las nuevas generaciones. Sus presentaciones desintegran con la ciencia y el intelecto las supersticiones de la religión organizada, pero de la misma manera que no todos los cristianos son iguales, los ateos tampoco. Tal como preguntamos: «¿En qué Dios crees?» y «¿Cuál es tu denominación?», a cada ateo habría que preguntarle: «¿En qué Dios dices no creer?». Porque si el ateo dice no creer en un Dios castigador y temperamental, con planes de fulminar

---

3. *Two years into pandemic, some Catholic parishes stretching their dollars* NCR by Brian Farga March 11, 2022. www.ncronline.org/news/coronavirus/two-years-pandemic- some-catholic-parishes- stretching-their-dollars

el planeta, pues, yo tampoco. He conocido ateos que tienen más amor y sentido común que muchos otros religiosos.

Luego está el deísta, que cree en Dios, pero no en los dogmas y en las instituciones, incluyendo a Benjamin Franklin, uno de los padres fundadores de Estados Unidos, quien se consideraba un deísta «cuidadoso», junto a otros deístas como Washington, Jefferson, Franklin, Madison y Monroe, quienes eran más filósofos que religiosos, aunque tenían fe y creían en la intervención divina, evitaron que el Estado interviniera en la religión de cada cual, lo que hoy en día es una salvación.

Dios ha sido y es secuestrado por religiones, gobiernos, corporaciones e imperios para justificar sus propias causas egoístas, pero igualmente personas no creyentes han cometido actos barbáricos contra la humanidad en nombre del poder, el racismo y el totalitarismo. El problema no es Dios ni la religión, sino los seres humanos. Lamentablemente, la mayoría de estos nuevos ateos colocan a todos los creyentes en la misma caja con el sello de «fanático, ignorante e intolerante», pero no es así.

Decía el escritor C. S. Lewis que algunos ateos son más intolerantes que los cristianos, pues al menos los cristianos (algunos) dejan la posibilidad a los demás de tener otras creencias. No es así para algunos ateos, para quienes sólo hay una creencia y una posibilidad: no creer en nada. No creer es una creencia. Mi instructor de tenis, un ateo declarado, me recordaba que no es tan fácil convencerlos a ellos. Nuestra clase de tenis más que un deporte era una competencia de quién convertiría al otro a su creencia. Un día me dijo, con su incomprensible acento australiano y su conocido humor:

—Sharon, la posibilidad de que me conviertas en cristiano es tan remota como la de que yo te convierta en una campeona de tenis en Wimbledon.

En esa época, también leí algunos escritos de Sam Harris (neurocientífico y filósofo) porque quería conocer sus argumentos respecto al ateísmo. Leí con curiosidad sus historias de descubrimiento con varios gurús de meditación. En cierta manera, me sentí identificada con su búsqueda, no es un ateo común, ha caminado por varios senderos de meditación oriental. Sam menciona una meditación budista conocida como la Vipassana, que significa ver las cosas como son, la cual practico a mi forma.[4] Trata de separar la teología budista de la meditación, como se separaría el cristianismo del rosario o el hinduismo del yoga. El propósito de la meditación budista, al creer que todo es ilusión, es salir precisamente de ella, y al no creer que tenemos alma, sus prácticas buscan eliminar el *yo*. Química y hormonalmente esto funciona en el mundo material, dejar ir el *yo* y la necesidad de defenderlo es combatir la respuesta de síndrome de lucha y huida que tanto daño hace al organismo.

Thomas Merton, el monje trapense cristiano, junto al padre Keating, igualmente fueron influenciados por sus conversaciones con místicos de Asia. Aprovechando la moda de Oriente, buscaron una manera de revivir las prácticas cristianas de los monasterios. El Centering Prayer o la oración centrante nació como un método que los católicos practican; la diferencia es que la meditación cristiana está «centrada» en Jesús, mientras que las otras prácticas utilizan sus mantras, y hablan a sus deidades. Yo tengo mucha afinidad con los monjes capuchinos de la orden franciscana (herederos de san Francisco de Asís).

Existe una práctica del catolicismo oriental que es tan simple como repetir las palabras de la oración de Jesús: «Señor Jesucristo, ten piedad de mí...»; se hace en el espíritu de san Pablo *de orar sin cesar*,[5] se hace alrededor de las cuentas, a veces repito el Padrenuestro hasta dormirme. Los católicos de Oriente rezan esta oración alrededor de un «*kombuskini*» (del griego), que es un collar de cuentas de lana que tiene la ventaja de no hacer ruido; es similar a un rosario que colocan en su mano, pero que termina con una cruz. Yo, personalmente, mezclo las oraciones del rosario con las de Jesús.

Al final no somos tan diferentes, interiormente buscamos y sabemos cómo saciarnos. Si fuimos creados a imagen y semejanza de Dios, el propósito es que la imagen que ya tenemos cada vez sea más semejante a él. En la Iglesia común, por lo general, no se promueve la me-

---

4. Sam Harris, *Waking Up: A Guide to Spirituality Without Religion*, Simon & Schuster, reimpresión, 2014, Kindle, Location 475.
5. 1 Tesalonicenses 5.17.

ditación para experimentar a Dios, pero algunos cristianos católicos y hasta protestantes han comenzado a incorporar la contemplación con el fin de tener una relación con Dios. Igualmente, san Francisco de Asís, santa Clara, san Juan de la Cruz, santa Teresa de Jesús y varios místicos cristianos se atrevieron a ir más allá del silencio para encontrar a Dios.

El *mindfulness* tiene grandes beneficios, por lo general no tiene a Dios en la ecuación, sin embargo, fácilmente puede elevarse a una disciplina cristiana con tan sólo añadir la intención de relacionarnos con Dios de una manera personal, por ejemplo, cuando caminamos siendo conscientes de su presencia.

El silencio en la vida es importante, igualmente necesitamos las pausas. Una composición musical no es posible sin sus silencios. Escuchando la composición de *Las cuatro estac*iones de Vivaldi, te das cuenta de que la pausa es la que nos prepara para un cambio de dirección en la música, igual ocurre en la vida.

Después de recorrer tantos caminos, incorporar la imagen de Jesús me ha dado un nuevo sentido de tener tierra firme bajo mis pies, un camino de regreso a casa. Jesús ha sido un gran descubrimiento, uno que tuve demasiado cerca para apreciarlo.

La religiosidad cristiana no es estática ni tiene que serlo, pues en la medida que crecemos vamos descubriendo progresivamente nuevas facetas de este diamante junto a nuevas formas de expresar la belleza de nuestra propia fe.

Además de las prácticas y la filosofía hinduista y budista, aprendemos del Ikigai de Japón y de otras formas de vida saludables de otros países. Hoy, el mundo al completo es nuestro gran aula de aprendizaje espiritual.

Tenemos que aceptar que cuestionar no es rebelarse. Hemos sido víctimas de falsas creencias que van desde la esclavitud, la exclusividad del camino al cielo, la supremacía de las razas, la inferioridad de la mujer y la demonización de la sexualidad hasta la condenación eterna. En este tiempo y edad: no hay argumento lógico alguno para justificar que sólo los hombres tienen el privilegio sobre el liderazgo y los rituales religiosos, excepto el control. Ni hablar sobre la homofobia, que provoca incluso agresiones y muerte al que es diferente. Necesitamos evolucionar.

Cada vez que escucho las palabras «valores tradicionales», recuerdo que existen innumerables tradiciones en todo el mundo. Una tradición es una práctica aprendida de un colectivo y luego repetida a través de generaciones, a veces sin cuestionarla.

En una ocasión, un monje cristiano me mostró una cara de Dios más compasiva, explicándome que los mejores diálogos ecuménicos y hasta interreligiosos no suceden con los teólogos en las universidades, sino junto a monjes en los monasterios (el lenguaje común de Dios es el silencio, la música es el amor). Los que practican las disciplinas monásticas de varias denominaciones están enfrascados mayormente en la contemplación solitaria, y la experiencia que nace de la meditación tiene mucho más en común que las palabras. Los teólogos, en cambio, usualmente se enfocan en las diferencias y refutan incluso las experiencias. No hablo de la relatividad, la distancia entre la Tierra y otra galaxia debe tener una sola respuesta, pero desde nuestra perspectiva, aunque tengamos buenas intenciones de acertar, quizás unos se acerquen más a la respuesta correcta que otros. La mayoría no somos ignorantes, sino que estamos limitados. Como dice el profesor y filósofo anglicano de la Universidad de Oxford, Keith Ward: «Los cristianos necesitan estar más alerta sobre el sectarismo, la intolerancia y la arrogancia en su fe».[6] Debemos poner cuidado en no ser agresivos contra el que es diferente, no podemos demostrar amor por medio del odio. Jesús dice en el Evangelio de Juan: «Si alguien afirma: "Yo amo a Dios", pero odia a su hermano, es un mentiroso; pues el que no ama a su hermano, a quien ha visto, no puede amar a Dios, a quien no ha visto».[7]

La gente no ha perdido la fe, pero sí la paciencia con las descripciones fatalistas de Dios. La búsqueda de nuevas narrativas para expresar el cristianismo de una manera más compasiva ha dado pie al éxito masivo, entre los cristianos de Estados Unidos, de la película

---

6. Keith Ward, *Rethinking Christianity* (Oneworld Publications, 2013), Kindle, Location 1299.
7. 1 Juan 4.20.

144

The Shack (*La cabaña*), adaptada de la novela con el mismo título,[8] en la cual se cuestiona por medio de una tragedia familiar la fe, el perdón, el mal y la voluntad de Dios, quien es representado de una manera poco convencional: como una mujer afroamericana. Lo mismo ocurre con el Espíritu Santo, que se representa como una mujer asiática. En sólo unos años esta novela ha vendido más de diez millones de copias. Esta cifra es suficiente para prestar atención a lo que su mensaje ha despertado en las masas, sobre un Dios compasivo. El tema, si un humano le perdona lo imperdonable a un hijo, qué no perdonará Dios, que ama más que nosotros. ¿Sería ese Dios omnipotente y misericordioso capaz de permitir nuestra condenación eterna? Tenemos libre albedrío, sin embargo, ¿acaso amamos más que Dios? Creo en una reconciliación con él. Muchos caminos que tomamos no nos llevan a ninguna parte, pero sé y confío en que Dios, a pesar de nuestra terquedad, hará todo lo divinamente posible por encontrarnos a mitad de camino, donde estemos y como estemos.

La vida se vive de acuerdo a cómo pensamos sobre la muerte. Lo más importante es que la religión saludable busca fomentar una relación entre el Creador y su creación, entre el creado y lo increado, por medio de su Espíritu. Mientras que el fanatismo busca la división y la exclusividad, el amor busca una unión con los otros humanos, porque en el fondo sólo podemos unirnos por medio de ese Espíritu que tenemos en común con nuestro Creador. No puede haber separación de Dios, porque él todo lo sostiene.

Al final la mejor descripción de Dios es un silencio repleto de asombro.

La solución no es reducir a Dios a su mínima expresión, sino elevarnos a nuestra máxima expresión al imitarlo.

Después de este encuentro sobrenatural, la pregunta era cómo le hablaría a mi hija sobre Dios. Llevar a un bebé a bautizar es una delicia, pero llevar a una adolescente rebelde a que le mojen el cabello frente a una congregación no es un paseo. Tras este despertar, retomé el rito del bautismo y traté de explicarle a mi hija por qué aquella bendición del Dalai Lama ya no era suficiente. Entre ambas, por suerte, siempre ha habido

---

8. William P. Young, *La cabaña* (Windblown Media, 1.ª edición, 2008).

una buena comunicación y ella me tiene confianza, así que después de comenzar su aprendizaje y hablar con el sacerdote capuchino que había conocido años antes (quien también me había ayudado con el problema de mi mamá), comenzamos a seguir las clases necesarias. Como ya no era un bebé, tuvo que hacer el rito frente a la iglesia y leer el credo en voz alta. Al aprender con los católicos sobre el rito griego, ahora considero que tiene más sentido hacerlo cuando se es consciente y no cuando se es un bebé, como es su práctica, la cual tampoco tiene sentido, al ellos no tener la creencia de nacer «en pecado», el bautismo tiene otro sentido.

En ese momento, me preguntaba si hubiera sido mejor incluir la formación religiosa en la crianza de mi hija. Por otro lado, quizás fue mejor que tuviera varios matices de experiencias. A veces los niños formados en un sistema cuadrado, o se rebelan de adolescentes o crecen sin comprender que existen personas inteligentes en otras culturas que siguen otra religión. A pesar de esto, no estoy de acuerdo en dejar al azar la espiritualidad de nuestros hijos. ¿Cómo tener paz si no encomendamos a nuestros hijos a Dios, a un Dios cercano? ¿Cuántas veces orar es lo único que podemos hacer por ellos? Nunca es tarde, tampoco para los adultos; no se trata de obligación, ni perfección, sino de reflexión. Dios siempre nos dará oportunidades para redimir los errores, amar a nuestros hijos incondicionalmente y darles el mayor regalo. Más que la carrera profesional, es necesario recordarles que amen a Dios, tal como Dios nos ha amado a nosotros. De hecho, la maternidad será lo más cercano que estaremos de recordar cuánto y cómo nos ama Dios. La conexión de nuestros hijos con Dios puede comenzar en la naturaleza o, como en mi caso, un día que oramos por un pez que estaba virado boca arriba en nuestro estanque. Sus oraciones funcionaron y mi hija siempre ora por un examen en el colegio, por mi y por otros.

El Día de las Madres no son regalos lo que buscamos, sino la tranquilidad de saber que no importa lo que suceda, nuestros hijos, aunque no estemos en un momento preciso, siempre sabrán a quién buscar para tener paz. Saber que están en las manos de Dios y tener la certeza de esta verdad, junto a nuestra oración, es el mejor regalo para cualquier madre.

Tras el bautismo de mi hija sentí que había estado demasiado expuesta espiritualmente, así que decidí que necesitaba tomar medidas reparadoras. Quería poner mi casa espiritual en orden para comenzar una nueva vida, especialmente después de todas las iniciaciones con diferentes religiones, votos, ritos y promesas a hermandades extrañas en los que había participado. En ese momento quería divorciarme de todo ello. Por eso, un día concluí que necesitaba contactar a un exorcista; quería asegurarme de que no quedaran rastros de mis pactos con ninguna práctica del pasado. Para hacerlo, fui a una iglesia donde nadie me conocía. Ese día llovía torrencialmente. El exorcista designado era un miembro del Opus Dei, y la única manera de verlo era en el confesionario.

Llegué temprano a la iglesia, después de mí llegaron al menos veinte personas más a confesarse, la mayoría mujeres. Entré en el confesionario que estaba alumbrado por una luz amarilla tenue, no podía distinguir la cara del padre, aunque antes lo había visto llegar. Su rostro pálido blanco resaltaba sobre su sotana negra larga, era altísimo, muy serio e imponente. Pensé que de sólo verlo los demonios saldrían espantados y me reí sola, más por los nervios que por otra cosa. El padre carraspeó y, de inmediato, recobré la seriedad, y cuando me dio la bendición, mi memoria celular hizo una regresión involuntaria a mis años en el colegio, y mi voz bajó varios decibelios.

—No vengo a confesarme padre –dije.

—¿No? Entonces, ¿qué la trae por aquí?

Le conté cada una de mis aventuras con los espíritus, tantas que no cabrían en el libro. Él permaneció en silencio, mientras que las señoras que esperaban afuera seguro pensaban que enumeraba a mis amantes.

—¿Ha visto apariciones o escuchado voces? –me preguntó.

Podía imaginar su cara, seguro que para él yo era un caso perdido.

Ese mismo día el padre cortó los lazos nefastos con el pasado y la casa de las brujas, por medio de una oración y me envió a hacer el sacramento de la confirmación, que a mis cincuenta y un años tampoco había hecho. Tenía que poner mi vida espiritual en orden recibiendo los dones del Espíritu Santo, ya que, según él, era como estar sin el pasaporte del cielo al día. Ese padre sí me dio una linda lección, me dijo que no me preocupara del pasado, que nada podía hacerme daño si estaba con Jesús. Al salir unos minutos más tarde del confesionario, con las devotas sentadas a un lado y otro, inicié la marcha de la vergüenza hacia la salida caminando entre ellas a lo largo del pasillo con la cabeza baja, mientras que todas me miraban con curiosidad, como diciendo: «Y yo que pensaba que estaba mal» o «Espero que mi marido no estuviera envuelto».

Una tarde me crucé con el padre conocido de una iglesia, quien me regaló un panfleto sobre la Cuaresma. Ese mismo día me llamaron de un canal y me di cuenta de que, sin planificarlo, mi intervención en la televisión local comenzaba casualmente el mismo Miércoles de Ceniza, que era el principio de la Cuaresma. «¿Quién hace estos planes?», me pregunté.

Era una gran casualidad que yo tomé como una señal del cielo. No tenía idea de qué diría, pero Dios tenía otros planes. Durante los siguientes cuarenta días me desperté a diario a las cinco de la mañana para escribir un mensaje inspirado en la Cuaresma, basado en los sucesos del día correspondiente registrados en los Evangelios; miles de personas lo leían diariamente en mis redes sociales desde varios países. Con este ejercicio aprendí que el compromiso de leer algunos pasajes de la Biblia diariamente, en realidad, produce una gran diferencia en la fe. Al mismo tiempo, seguía escribiendo y aprendiendo sobre este Dios que había encontrado. Igualmente aproveché para estudiar una noche a la semana en los Talleres de Oración y Vida de Ignacio Larrañaga, un sacerdote capuchino franciscano, lo que fue una gran bendición. Con él aprendí sobre la contemplación cristiana junto con el regalo de la entrega, pero a un nivel más profundo, a lo cual él mismo llama la práctica del «abandono». En realidad, se trata de una entrega, pero con humildad, paciencia, aceptación y amor. Esto no resulta tan fácil, porque antes de entregar se necesita conocer a un Dios de amor, pues nadie entrega sus anhelos más preciados a un Dios a quien teme.

El libro que estaba escribiendo en aquella época, debido a mis nuevas experiencias y por ser más devocional tenía más relevancia con uno de los sellos de la editorial HarperCollins Español, entonces recordé que unos años antes una amiga me tomó una foto frente a su sede en Nueva York, cuando pasamos por su edificio. En ese momento era una broma, un sueño ridículo, pero en realidad fue una profecía que se dio sin buscarla.

Los cuarenta días de sacrificio de la Cuaresma valieron la pena y fueron recompensados. Desde ese momento y hasta este presente continúo escribiendo cuarenta lecciones en la Cuaresma, que miles de lectores siguen fielmente, sin importar su creencia.

Encuentros con el pasado

En un último intento por complacer a mi hija decidimos regresar a Puerto Rico para devolverle al menos un poco de lo que había perdido en la mudanza a Miami. A medida que mi hija iba creciendo y teniendo la habilidad de expresar sus emociones, me iba percatando de los traumas causados por nuestro divorcio.

Recuerdo un día que tuvimos la oportunidad de regresar de visita a mi última casa en Puerto Rico, aquella que dejé para nunca mirar atrás. Cuando llegamos, la casa vacía tenía un olor peculiar a humedad mezclado con un pasado que nos llenaba de nostalgia. Mi casa ideal de pronto era más pequeña e imperfecta de lo que la imaginaba en el recuerdo. Sucede lo mismo con las memorias, les colocamos relleno artificial y las hacemos más grandes de la cuenta. «No puedo regresar aquí», me decía, ya no era la misma, yo había crecido; ni siquiera me parecía a la mujer que había vivido allí. Muchos comentaban que hasta yo lucía más joven, pero no era el físico, sino lo que interpreto como la libertad de ser yo misma durante muchos años.

Me percaté de que varios árboles se habían muerto. Me contaba el jardinero, tan querido, que cuando nos mudamos muchos murieron sin aviso. Carlitos, un seguidor de Dios, seguía trabajando como el jardinero de la casa; todavía me escribe y hasta me envía fotos de las flores de aquellas plantas que habíamos sembrado juntos. La casa, al fin, fue comprada por otra familia, sólo me queda de ella una lámpara muy antigua que algún día colocaré en alguna casa antigua en Europa.

A veces no estamos de acuerdo con el lugar en donde nos encontramos, la mayor parte de las ocasiones esto sucede porque idealizamos el pasado. Si te vas de un lugar, aunque lo añores, cuando regresas ya no vuelves siendo la misma persona. Las experiencias vividas en el presente provocan que veas las cosas del pasado de manera diferente, a veces lo que esperas encontrar choca con la realidad. Las grandes expectativas de mi hija al regresar a lo que era su antiguo hogar en Puerto Rico no se colmaron, al contrario, su mundo había cambiado, sus hermanos habían crecido, su papá se había casado. Al menos yo tenía la paz de haberle brindado la oportunidad que me había pedido de volver.

Al año, regresamos a Miami desilusionadas, el tema de Puerto Rico y la ilusión de vivir allí no volvieron a mencionarse. A veces vivimos con un ideal en nuestra mente, pero la ilusión y la realidad no coinciden. El pasado necesita dejarse en el pasado, muchos vivimos en el presente, pero mirando por el retrovisor de la vida. No podemos admirar el paisaje del presente mirando hacia el camino que ya hemos recorrido, además, al estar distraídos podemos chocar con cualquier basurero. El pasado sólo luce mejor mientras lo idealizamos, pero es un falso ideal. Es mejor vivir plenamente un presente imperfecto que un pasado o un futuro imaginarios.

Una década antes de irme de Puerto Rico, después del infame episodio de la reclusión civil de mi mamá, tomé una decisión difícil en contra de la lógica. En ese momento decidí trasladar a mi mamá a Miami, buscando la manera de brindarle un buen lugar, tranquilidad y seguridad en sus últimos años de vida.

El tema de la mudanza era delicado, porque mi mamá era físicamente joven a mediados de sus setenta años, pero tenía demencia. Tampoco quería encerrarla en un lugar inhóspito, y no podía dejarla sola en una casa. Un día mi mamá, en medio de su demencia, me contó que llamó desde su nuevo lugar a la policía y me acusó de haberla raptado. Con el tiempo la tuve que incapacitar legalmente, lo cual fue un gran drama, porque no había perdido la capacidad neoyorquina de convencer a cualquiera con sus cuentos y argumentos.

Conseguimos un lugar perfecto para mi mamá, donde podía disfrutar de una independencia artificial. Contaba con su propio apartamento terrero con jardín, y una libertad limitada, pero al menos tenía la dignidad intacta, estaba limpia, arreglada, alimentada y segura. Lo menos que imaginaba en el momento en que la llevé a Miami era que, unos años más tarde, por el divorcio terminaría mudándome allí con mi hija. Ese impulso de llevarla a Miami en ese primer momento no tenía sentido, pero resultó profético. A veces necesitamos escuchar al corazón por encima de los sentidos y la lógica.

Había cumplido la mayoría de mis sueños, pero faltaba uno que no había sido capaz de lograr. Nunca había visto a mi padre, aunque verlo tenía un gran precio que no estaba segura de poder pagar: el perdón. Jamás dejé de soñar con tener un encuentro personal con mi padre, a quien nunca conocí. Desde que tengo uso de razón le pedí a Dios todos los días que me concediera ese deseo. Resistimos mucho los retos de nuestras vidas, sin darnos cuenta de que son ellos precisamente los que tienen la capacidad de llevarnos de regreso a casa. Resultaba curioso que, a pesar de tener todos los medios, ese encuentro por alguna razón era imposible. Las cartas nunca llegaban, las llamadas no eran correspondidas, mis hermanos no me respondían, y las puertas que toqué no fueron abiertas. Uno de los últimos intentos sucedió al quedar embarazada. Sabía dónde vivía y un día llegué con mi esposo hasta su casa, que estaba en otro Estado. Temblorosa, llamé a su puerta. En mi distorsionada ilusión quería creer en la posibilidad de que mi hija pudiera conocer a su abuelo al nacer. Vivía cerca de la playa. Quizás todavía recordaba su deseo de tener caminatas conmigo en la playa, como alguna vez le escribió a mi abuela. Mi esposo estaba en el auto, nadie respondía, pero en el preciso momento en que me volteé para tratar de llamarlo por la puerta lateral, salió un hombre que yo no vi. Cuando apareció, mi esposo rápidamente me avisó llamándome por mi nombre.

—Sharon, es tu papá.

Mi papá conocía mi nombre muy bien, pero al escucharlo cerró la puerta; sentí el golpe del portazo en mi corazón. Recuerdo una bandada de aves blancas que volaban por encima de su casa en ese momento, llevándose en sus alas mi gran desilusión al cielo. Me fui con el corazón roto. Cuando no es la hora, nada puede mover ni la luna ni el sol. En cincuenta años no hubo práctica de visualización que me trajera el anhelo, pues cuando las cosas no están por ocurrir, cuando no es el momento, simplemente no suceden.

Entonces, finalmente, me había rendido y había cambiado mi estrategia. Fiel a mi nueva práctica de entrega a Jesús, me arrodillé una vez más y le hablé a Dios. Ya había aprendido que las mejores batallas se pelean de rodillas. Esta oración no fue con fe ni humildad, y tengo que aceptar que estaba muy molesta con Dios.

—Muy bien, tú ganas –le dije–, si es tu voluntad que no conozca a mi padre terrenal en mi vida, lo acepto. Seguro que tendrás tus razones, además, qué mejor padre que tú, el Dios de todo este universo.

En mis sueños siempre esperaba que ese encuentro se diera mientras corría a sus brazos a cámara lenta como les sucede a los enamorados en la playa, tal como él mismo lo describía en las cartas que guardaba mi abuela celosamente y que él había escrito cuando yo apenas tenía un año. El tiempo de Dios es el tiempo de Dios y es perfecto.

Habían pasado unos quince años desde ese último fallido encuentro y ya me había dado por vencida de no volver a verlo, prueba de que la fe no es necesaria para que se produzca un milagro. Un día me encontré con una amiga y su papá, quien era un investigador privado. «Yo voy a encontrar a tu papá», me dijo, y con esas palabras proféticas salimos de viaje. Al llegar a la ciudad donde se suponía que vivía, ya no estaba en la casa que conocí. Luego seguimos hacia un centro de ancianos, pero no tenían ingresado a nadie con ese nombre. Sin embargo, en el último momento, la enfermera me llamó para decirme que había otro hogar de ancianos cerca de allí. No sabíamos exactamente dónde estaba el lugar, pero algo dentro de mí comenzó a dar instrucciones: «Por aquí, dobla allá… es aquí».

Llegamos al nuevo lugar, que era más acogedor, y al preguntar por su nombre, la enfermera asintió.

Al saberlo cerca, mis rodillas no podían moverse, comencé a sudar.

El encuentro no sucedió exactamente de la forma que imaginé. En el centro de ancianos tuvieron que engañar a su esposa, que estaba en ese momento con él, para que se quedara solo. Mi mamá siempre la culpó por evitar nuestros encuentros, pero hoy no estoy tan segura de que ella haya sido la única culpable. Lo encontré en una silla de ruedas, ya no se parecía al hombre de la foto que guardaba de él. Los empleados del lugar estaban emocionados, y en ese momento nos dejaron solos. No podía creer que al fin…

Temblorosa, con ternura y timidez, le dije:

—Soy Sharon. ¿Sabes quién soy?

Él no tenía duda.

—Sí, claro –me contestó emocionado en inglés.

Estaba sorprendido, y a diferencia de mi mamá, todavía su mente parecía estar sana. Me senté con él al pie de una chimenea. Se encontraba en un centro de buena calidad, y yo estaba feliz de que estuviera tan bien atendido. Antes me preguntaba cómo hubiera sido mi vida si me hubiera criado con él, pero en ese momento no me interesaba hacerle reproches, ni saber sobre su familia, ni siquiera intenté preguntarle por qué no me había buscado. Esa tarde sólo quería saber cuál era su música favorita, su comida preferida, si teníamos algo en común… Así que tuvimos el siguiente diálogo en inglés:

—¿Te gusta Frank Sinatra? –le pregunté.

—Sí, así es.

—¿Te gusta la mantequilla de cacahuate y la mermelada?

—Son mis favoritas –me respondió–. Y también me gusta el arroz con pollo, plato típico de Puerto Rico.

—¡A mí también! –le dije, emocionada.

Esta simple conversación era más terapéutica que cualquier aclaración del pasado. Siempre me sentí muy diferente, muy sola. Seguro que yo tenía todos sus genes, me decía. Le pregunté por mis abuelos, él era alemán y ella irlandesa, la razón de mi apellido.

Lo traté con amor, le aseguré que no guardaba rencor en mi corazón, que no me debía absolutamente nada. Mi papá, como si estuviera en una cita prohibida de su pasado con mi mamá, se mostraba muy nervioso de que su esposa se enterara de que yo estaba allí. Aproveché para contarle algunos de mis logros, estaba bien económicamente, había tenido negocios, una hija, un esposo, un libro, pero sobre todo tenía a Dios.

—No me debes nada, no me hace falta nada –le dije–. Nunca olvidaré sus palabras:

—Sí te debo.

—No, no me debes nada –lo interrumpí de nuevo.

—Sí, sí te debo… Te debo mi amor –insistió él.

En ese momento rompió en un llanto sin lágrimas que no salía de sus ojos, sino de lo profundo de su pecho. Yo también lloré.

Nunca es tarde, pensé. Me fui del lugar como si me hubieran quitado un gran peso de encima. Pero luego, unos meses más tarde, traté de regresar y la gerente del lugar me dijo que no fuera, que mi papá no quería verme. La gerente me trató fríamente, como si yo fuera una mala hija, de esas ovejas negras de la familia. Quién sabe qué le dijeron de mí. Le aclaré:

—No le he hecho nada, al contrario, soy su hija, pero él nunca me buscó. ¡Jamás lo conocí!

Me habían vuelto a abrir una herida, lo que prueba que el perdón es algo que, con la ayuda de Dios, necesitamos practicar diariamente.

Hubo un silencio.

Ese sentimiento de que no tengo derecho no es nuevo, lo había experimentado antes muchas veces como una mezcla de vergüenza con sentirme perpetuamente inadecuada. Hoy en día, ya no tengo deseos de verlo, pero tampoco le guardo rencor. Considero que el perdón no es justificar las acciones de otra persona ni pretender restablecer una relación, sino tomar una decisión de dejar ir partes de nuestra vida que no tienen remedio y elegir cambiar la ilusión por la realidad.

Entonces, le di las gracias a mi recién encontrado padre del cielo. Mi relación más larga, más profunda y sincera en esta tierra ha sido y será mi relación con Dios, mi verdadero padre. AMÉN.

Mi mamá y mi papá, aunque lejos, sin saberlo terminaron en el mismo Estado de Florida. El amor no tiene tiempo y la mente no tiene edad. El cuerpo de mi mamá fue perdiendo fuerza y terminó en una silla de ruedas como mi papá. Mi mamá, a pesar de que su mente tuvo grandes lapsos que oscilaron entre la agresividad, el buen humor y la claridad, creo que, por primera vez en su vida, mi mamá está en paz. Quizás sea porque el regalo más grande de perder la memoria es no recordar los eventos que le causaron dolor. La mente es un misterio, pero más allá de las memorias reside nuestro ser, aquel que nunca cambia, ese testigo silencioso de nuestra vida que vive por siempre, que no opina, que sólo ve lo que sucede mientras escucha al locutor de la mente. Somos tres, uno que habla, otro que escucha y otro que archiva.

En el caso de mi mamá, su maquinaria física tiene un cortocircuito, repite la misma pregunta sin cesar como si fuera una vitrola dañada. Cuando alguien pierde la mente, se dice que ha perdido la razón, pero ella la mayor parte de las veces razona muy bien. Ha tenido sus momentos, pero la buena noticia es que todavía me recuerda. ¿Cómo será perder la mente sabiendo que la estás perdiendo? Porque a veces en sus momentos de lucidez, parece que lo sabe.

Hace poco me dijo:

—Sharon, ¿qué rayos me pasó?

Mientras miraba a su alrededor, como si hubiera despertado de un sueño, preguntó:

—¿Cómo llegué aquí?

Luego, me miró confundida, pero con el humor que no ha perdido.

—¿Sharon, dónde carajo estoy?

A pesar de esto, como toda hija, siempre necesito a mi mamá. Algunas personas me dicen que ella no me entiende, pero no estoy de acuerdo. A veces está clara como el agua. En su demencia senil puede darme los mejores consejos, que no provienen de su intelecto, sino de algún lugar que no tiene filtros mentales. A pesar de que su cerebro tiene conexiones que no siempre se encuentran entre sí, estoy segura de que llegan del amor.

Uno de esos días de claridad se encontraba en su silla de ruedas mientras me daba consejos con una actitud de madre a hija.

—Tienes que valorarte –me dijo.

Nunca es tarde, considerando que durante años trató de convencerme de lo contrario. Ese día se escuchaba música de los cincuenta en su habitación, de pronto su mirada se fue lejos y comenzó a cantar en inglés la canción que estaba sonando. Se la sabía perfectamente.

—Es «Chances Are», cantada por Johnny Mathis –me dijo con una sonrisa pícara, como si recordara sus amores.

Escuché la música y, efectivamente, su memoria la recordaba y la tarareaba con todas sus letras. La música es un lenguaje que no está limitado por el tiempo y, según la ciencia, tiene la capacidad de despertar memorias escondidas en los laberintos del tiempo en nuestra mente. Adoro los temas de los cincuenta, la música de los American Standards es muy optimista y sana. En ese momento comencé a tararearla con ella, mientras le tomaba la mano como bailando, nos reímos un poco.

—Estás más loca que yo, te van a dejar aquí –me dijo riendo, mientras yo seguía bailando.

A veces necesito a mi mamá, aunque no sea perfecta.

El lema: Si tu padre es el primer amor, te visitará varias veces, me perseguía. Buscamos recrear situaciones en los dramas de nuestras relaciones presentes para tratar de absolver los conflictos del pasado. En vez de relaciones kármicas de una vida anterior, yo les llamo relaciones cíclicas, porque con el pasado de nuestras vidas presentes ya tenemos suficiente. En ese tiempo sentía que estaba poniendo mi vida en orden, situaciones que no comprendía comenzaron a ser reveladas de maneras sorprendentes. Una tarde de verano en Puerto Rico, me encontré con una vieja amiga que me mencionó que mi segundo esposo, Guillermo, el que me llevaba veinte años y con quien había vivido en la isla de Saint Thomas, estaba muy enfermo y paralizado debido a varios derrames cerebrales. No lo veía desde hacía dos décadas, desde aquella noche que se fue y que por poco me cuesta la vida. Al comentarle a mi amiga mi interés en verlo, de inmediato se ofreció a acompañarme. Ella y su esposo habían sido una pareja de amigos inseparables, y cuando estaba casada con Guillermo incluso hicimos varios viajes juntos.

Una noche, mientras iba de camino hacia el pueblo donde había nacido, sentí una gran nostalgia al recordar ese gran amor.

—Cómo ha pasado el tiempo, al menos treinta años desde aquel momento en que no pude lograr que se quedara conmigo –le comenté a mi amiga.

También recordé cuánto sufrí. Suspiré al pensar que por poco muero por él.

Al entrar en la casa, me llevaron a la habitación donde se encontraba Guillermo. Estaba postrado en una cama al cuidado de su hija, quien abnegadamente vive dedicada a cuidarlo. Mi corazón latía muy rápido; aunque estaba totalmente inmóvil, todavía quedaba algo de su físico del pasado. Recordé su cara, sus ojos y su pelo lacio. Se me volcó el corazón. Le acaricié la frente.

«¿Dónde estás Guillermo?», me pregunté interiormente, mientras miraba sus ojos, que permanecían alertas, pero lejos a la vez.

Ya no tenía la barba con la que lo había conocido y sus ojos eran la única comunicación con su alma, pues su cuerpo no podía responder, pero yo sentía que, a pesar de su inmovilidad, podía comprenderlo todo; estaba atrapado como si su alma estuviera dentro de una escafandra. Sólo podía mover los ojos, que eran como las ventanas de un alma llena de sentimientos y pensamientos que ya no podía expresar. Yo sólo podía imaginar lo que sentía, aunque sus ojos lo decían todo. Es increíble lo que podemos decir con la mirada. Al verme reaccionó, me reconoció y le rodó una lágrima por la mejilla. Tomé su mano fría y comenzó a mover el dedo índice como tratando de acariciarme la mano; no paró de moverlo hasta el momento en que me fui. Me miraba y cambiaba la vista con una gran tristeza, como tratando de decirme: «Mira lo que me ha ocurrido». Recuerdo que antes era muy orgulloso y tenía un cuerpo musculoso. Su hija buscó fotos de nuestro pasado juntos.

—Sí, recuerdo este día perfectamente, estábamos en la arena en Anguila, nuestra isla favorita –le dije, mientras miraba esos recuerdos que eran testigos de un tiempo que se quedó fijo en el pasado. Mi mente se fue muy lejos. Mi amiga lloraba. En una foto Polaroid, yo estaba muy delgada y él mostraba su bella sonrisa peculiar que hacía que sus ojos se hicieran pequeños. Recordé cuán feliz fui con él, e igualmente que fue el mejor padre para sus cinco hijas.

Oré por él y le dejé un rosario mientras trataba de explicarle que, a pesar de lo sucedido, Dios lo amaba, que no lo había olvidado y lo acompañaba.

—Yo tampoco te he olvidado. Sabes que te amé y te amo mucho –le dije.

El mundo puede cambiar en un momento. De regreso a casa, recordé nuevamente sus palabras: «No soy el hombre para ti, sólo soy un obstáculo en tu vida y alguna vez te darás cuenta y me lo agradecerás».

En ese momento lo hubiera dejado todo por él, pero hoy agradezco nuestro tiempo compartido y comprendo la razón por la que no acabamos juntos a pesar de mi insistencia. Cuando nos conocimos, ya no podía tener más hijos y mi hija tenía que nacer; además, mi vida tomó un giro totalmente distinto, siguiendo el futuro que él veía para mí, pero que ni yo misma podía augurar. Aunque en ese momento no podía entenderlo, hoy puedo ver que al final su adiós fue su mayor regalo.

India

Una noche recibí la llamada de Debbie, una buena amiga de la infancia, para invitarme a un viaje a la India. En ese tiempo estaba inmersa en mis clases de teología y cristianismo de los primeros padres del desierto, así que un viaje al Oriente Medio hubiera sido más apropiado. Esa noche me desperté varias veces. Quizás era algo que tenía que hacer, me dije. A las tres de la mañana me levanté para buscar en Google la ciudad de Chennai… y nada. Luego traté de nuevo y puse la palabra «cristianismo» al lado de Chennai y, para mi sorpresa pude ver que santo Tomás (uno de los doce apóstoles de Jesús) había muerto en esa ciudad como mártir y tenía varios lugares de adoración. Ahora mi amiga y su viaje a la India habían captado mi atención. Un apóstol en la India es una historia que a mi Iglesia se le olvidó contarme. Resultaba mucha casualidad, pues la intención del viaje era preparar un itinerario que siguiera los pasos de santo Tomás, que es sinónimo de «aquel que duda». Éste siempre ha sido un apóstol que ha fascinado tanto a los cristianos como a los gnósticos. Era originario de Antioquía y fue llamado «el gemelo». Tomás era el apóstol que no tenía reservas a la hora de utilizar la razón, y en la Última Cena no dudó en preguntarle a Jesús: «Señor, no sabemos a dónde vas, así que ¿cómo podemos conocer el camino?». También era escéptico y desconfiado. Para creer en la resurrección de Jesús pidió tener una confirmación palpable, por eso tocó con sus propias manos las heridas. Después dijo las bellas palabras: «¡Mi Señor y mi Dios!». Quizás por eso me identifico con este apóstol. Dudar no algo negativo, tampoco es falta de fe, necesitamos usar la razón y el juicio. Jesús no le reprochó ese derecho. Creer sin investigar no es una buena idea. Lo importante para no salirse del camino es no perder la fe, pero mantener los pies en la tierra. Tenía fascinación por saber más de su historia y conocer a cristianos en la India que practicasen el cristianismo de antaño. Así que, tras hacer mi equipaje para sobrevivir al campamento de verano más extremo, partimos hacia la India. No nos quedamos exactamente en hoteles de cinco estrellas tipo *resort*, ni en *ashrams* de lujo; teníamos que estar preparadas para todo.

Llegamos a Chennai, capital de Tamil Nadu (ciudad industrial del sureste de India) que también se conoce como Madrás. Eran las tres de la madrugada, pero a juzgar por la actividad más bien parecían las tres de la tarde. Rápidamente, las visiones de meditación, paz y tranquilidad que tenía de la India se esfumaron; la realidad más bien era un gran caos de personas, vacas, tierra, ruido, polvo, motocicletas, bocinas, olor peculiar y autos que corrían despavoridos sin un carril asignado. No había orden ni reglas, pero, curiosamente, comencé a notar que, a pesar del caos, existe una extraña calma que nace en medio de esa colisión de contrariedades. Si es cierto que en sus calles no hay orden, es evidente que tampoco existe la agresividad que vemos en Occidente; en nuestras carreteras es común que por cualquier motivo te saquen el dedo corazón (y no exactamente por amor). Llegué a la conclusión de que en la India existe armonía porque todos se han puesto de acuerdo para romper las reglas, pero en medio del caos tampoco hay accidentes. Si alguien se atreve a seguir la ley, todo se estanca, porque la India es una confusión de opuestos que fluyen. Después del choque inicial de culturas y de aprender algunos puntos importantes, comencé a apreciar y ver la belleza de la India que se iba revelando poco a poco en los ojos de los niños que nos miraban con una mezcla de inocencia y curiosidad, rostros que a la vez se adornaban sin ningún pudor por medio de una inmensa sonrisa. Era común observar ese gran piano de blancos dientes que contrastaba con su piel oscura y hacía que olvidáramos todo lo demás. Una linda lección que aprendimos fue la actitud de jugar, de ser como niños, que es una cualidad que, a pesar de la pobreza y la necesidad, todavía puede verse en las caras de la gente en la India. A veces estábamos rodeadas por varias personas que nos tocaban y miraban como si hubiéramos llegado de la luna, especialmente en los lugares remotos.

Al asistir a la misa católica en la India, te encuentras con que más bien parece un *ashram*, pero en vez de haber gurús es presidida por sacerdotes. No hay bancos, las mujeres están sentadas con su arcoíris de saris en posición de loto cual yoguis en un *satsang* en el suelo, ellas a un lado y los hombres al otro. Entonces, cuando llegó la parte de arrodillarnos en el piso, tratamos de imitar su postura, pero al final terminamos siendo rescatadas por dos sillas. Admiraba la capacidad de los seres humanos para adorar al mismo Dios sin perder sus costumbres. Esto fue más evidente cuando conocimos a las monjitas que, en vez de hábitos también vestían bellos saris. Una noche nos quedamos con ellas y mientras nos peinaban el cabello como un acto de hospitalidad nos describieron cómo practican sus ejercicios de yoga diarios. Cuando les pregunté si usaban mantras como Om, aclararon que eso es propio del hinduismo, ellas en vez de mantras utilizan el Ave María, que considerándolo bien se emplea repetido de la misma forma, aunque está dedicado a otro fin. De la misma manera, pude ver que en la India, aunque alguien sea católico, no puedes quitar su forma de ver el universo; al tener otra cosmología, simplemente ven el mundo de una manera diferente a la de Occidente.

En la misa fuimos recibidas por una gran fiesta de pétalos y canciones. Nos pusieron un punto rojo en la frente que olía a azafrán y una estola de seda como recibimiento. Les dimos las gracias a todos en el podio del altar. Esa noche cenamos con la familia que nos había invitado; la comida vegetariana era una explosión de sabor a coco y curry. La hermana de nuestro anfitrión nos vistió con bellos saris y nos maquilló.

Al día siguiente, partimos hacia el estado de Kerala, un paraíso subtropical que queda al suroeste de la India, donde me sentí como en Puerto Rico. Ese día llovió sin parar. Se trata de una región donde vive el mayor número de cristianos en la India. La arquitectura es impresionante y diferente a las otras ciudades; las casas rodeadas de flora tropical muestran una confluencia árabe, británica y hasta china o balinesa. Es también el lugar de más baja mortalidad infantil y más alta educación en la India. Llegamos para visitar las siete iglesias de santo Tomás, el apóstol, que entró por Kerala en el año 52 d. C. y se dice que murió como mártir por una lanza cuando rezaba en el año 72. Fue enterrado en Mylapore, San Thome (Chennai), donde existe una basílica edificada sobre su tumba. El santuario pontificio de Marthoma es un centro de peregrinación importante y se encuentra a orillas del río Periyar, en la villa de Azhikode (Kerala). Se cree que santo Tomás desembarcó en sus aguas.

La reliquia de un hueso del brazo derecho de santo Tomás se encuentra allí y está protegida por una gran bóveda; fue traída desde Ortona (Italia). Tuvimos el gran honor de adorar la reliquia de cerca y en silencio, con la suerte de que su guardián nos invitó a pasar. Cuando abrió la bóveda con una música celestial, nos emocionamos mucho y se nos puso piel de gallina.

Los católicos en la India están agrupados en tres comunidades: la Iglesia latina, la oriental de rito siro-malabar, y la de rito siro-malancar. Yo me sentía en casa con el rito cristiano oriental y en este viaje ya había hecho las paces con la Iglesia católica romana de mi niñez. «Todos los cristianos en la India vinculan el comienzo de su Iglesia con el período apostólico, y en particular a la misión de santo Tomás».[9] Seguimos hacia otra iglesia en el atardecer, y al llegar el sacerdote de la parroquia nos invitó a hacer un mágico viaje en una barca, navegada por un amigable indio vestido con una camisa de algodón clásica de forma que parecía un banquero, abotonada al frente, la cual contrastaba con una falda corta sarong atada al lado, típica de la zona, pues la mayoría de los hombres visten así. Al cruzar el canal de las aguas traseras en calma de este paraíso subtropical, donde los colores verdes se mezclaban con los tonos amarillo, naranja, rojo y violeta del atardecer, me remonté a dos mil años antes: «¿Cómo pudo santo Tomás evangelizar en ese tiempo?». Al otro lado vimos una de las iglesias más anti-

---

9. www.vatican.va/content/john-paul-ii/es/audiences/1986/documents/hf_jp-ii_aud_19860226.html

guas de la India, y el sacerdote nos habló sobre las siete cruces borda-
das que santo Tomás trajo consigo. Dice la leyenda que los nativos las
habían lanzado al río tratando de deshacerse de ellas, pero milagrosa-
mente subieron a la superficie nuevamente; las cruces sanaban a las
personas. Luego vimos una en una iglesia. La India está llena de historias, leyendas y milagros de santo Tomás y los primeros cristianos, que
también se llamaban nazranis o seguidores del que nació en Nazaret.

Cuando miré la cruz de santo Tomás en la India, me sorprendí al
darme cuenta de que es la misma cruz que llevo en mi cadena desde
hace unos años. Es una cruz persa, con flores en las puntas, que también
la utilizan los bizantinos y otros católicos de Oriente. La flor significa
vida y frutos. La cruz que usaban las primeras iglesias allí era igual, pero
estaba sobre una flor de loto y tenía una paloma que simbolizaba el
Espíritu Santo, lo cual apunta hacia la doctrina de la Trinidad. Aprendí
de la India que santo Tomás también llevó pinturas de la Virgen sentada
con Jesús, son íconos que según la tradición fueron pintados por el
apóstol san Lucas. El arte era muy similar a los utilizados en las iglesias
católicas del rito griego. Vi una de estas pinturas antiguas en Chennai.

La última noche nos quedamos en un inmenso monasterio salesia-
no fundado por Juan Bosco Valencia. La dura niñez de este sacerdote
italiano lo llevó a fundar más de diecisiete mil centros en ciento cinco
países. Estas escuelas no son sólo para cristianos, sino también para
hindúes de todas las castas y musulmanes, quienes continúan practicando su propia religión. Nos trataron con gran amabilidad, cenamos
con ellos y, al día siguiente, asistimos a la misa de la mañana. Resultó
muy edificante ver un lugar que brinda educación, deporte y medicina
a la comunidad. Los protestantes y evangélicos igualmente han logrado ayudar mucho con sus iniciativas y misiones. Según pude ver en la
India, el cristiano mantiene una política de respeto hacia otras religiones. La mayoría de los musulmanes, hindúes y cristianos coexisten;
conviven en paz y tolerancia mutua, sin tratar de convertirse los unos
a los otros. Con el ejemplo de la Madre Teresa de Calcuta se puede ver
que la conversión no es el motivo de estos servicios de compasión. A
partir de las conversaciones con mis amigos hindúes y con varias personas durante este viaje, me quedó muy claro que tratar de evangelizar
a un hindú no es la mejor idea, pues en algunos Estados tienen leyes

de anticonversión a causa de las prácticas cuestionables de algunos misioneros cristianos sin escrúpulos, quienes amenazan a futuros seguidores con el infierno para conseguir su conversión.

La idea de que un hindú necesita de nuestra salvación quedó cancelada en una conversación que tuve con una residente de Nueva Delhi, ella estaba más conectada a Dios que muchos cristianos; para ellos Dios está en su interior, y en el interior de los demás, una lección que me costó integrar, porque para nosotros, Dios está afuera, y es una gran desventaja verlo alejado. Por otro lado, pienso que verlo de una forma personal es una ventaja siempre y cuando no lo veamos como un ser emocional.

Un problema en la India es la creencia en el sistema de castas; aunque no es legal y ya no debe haber intocables, pude ver que dicha creencia heredada del karma está arraigada en la mentalidad de algunos. Mantuve acaloradas discusiones sobre el tema de por qué un niño pobre no es fruto del karma ni de su bajo nivel de evolución de conciencia, sino el resultado de la falta de una oportunidad en la vida.

El hilo dorado

Cuando comencé a escribir este libro, especialmente en la parte del Om, me vi obligada a releer algunos de los antiguos textos sobre la India. Al leer algunas páginas del Bhagavad-Gita, después de estudiar el cristianismo, descubrí que podía valorar el hilo dorado sobre la verdad que nos une. Tras este viaje puedo asegurar que les tengo respeto y una gran admiración. Hoy puedo apreciar su belleza sin prejuicios y valorar otro lenguaje para describir a Dios desde su perspectiva única. No se puede negar que las diferentes civilizaciones tratan de expresar conceptos similares sobre Dios y la creación. Muchos de sus versos y poemas revelan hermosas descripciones de Dios en un lenguaje pintoresco y profundo. Sucede algo similar con la comida, pues cada país tiene su propio lenguaje del paladar; tenemos los mismos ingredientes, pero ellos cocinan de una forma diferente, emplean otras especias y las combinan de maneras impensables, de acuerdo con su cultura. La demonización por algunos fanáticos de Occidente de las prácticas religiosas de la India, y su aparente creencia en muchos dioses (la mayoría cree en uno solo, pero expresado de diferentes formas), es el producto de nuestra ignorancia del significado de sus deidades. Al final tienen un solo Dios, pero expresado de mil formas; es un solo color, pero expresado en un arcoíris de mil colores. Puedo identificarme con la definición religiosa de Ringo Starr (músico de los Beatles) cuando se describió a sí mismo como «un cristiano/hindú con tendencias budistas», aprender sobre la espiritualidad de la India me dio el lenguaje y la comprensión para tener una relación más cercana con Dios.

Mi encuentro con el infierno en la India no sucedió hasta que llegué a Nueva Delhi, cuando gracias a un parásito o una ameba diabólica no tuve la oportunidad de llegar a ver el Taj Mahal. Finalmente, fue el Ayurveda, la propia medicina ancestral de la India, la que me salvó, pues cuando ya estaba en Miami recordé lo que me había enseñado un médico hindú años antes, al mostrarme que con unas cuantas semillas de papaya se puede acabar con cualquier parásito; esto funcionó de inmediato. Dios en su flora nos dio el remedio antes que la enfermedad, sin embargo, las compañías farmacéuticas han secuestrado los remedios para cobrarnos por ellos. Algo hermoso de la gente en la India es lo conectados que están con los ciclos, la comida y la medicina natural. Las personas más humildes saben perfectamente qué comidas no mezclar y cómo sanar cualquier enfermedad con plantas autóctonas. La «Delhi Belly» es algo así como la contraparte de la intoxicación que forma parte de la maldición de Moctezuma en México.

Algunos aseguran que Jesús vivió muchos años en la India, y yo siguiendo los pasos de santo Tomás allí, llegué a la conclusión de que es muy probable que así fuera. Luego, pensar que encontraría mi propia fe cristiana en la India resulta contraintuitivo. Al preguntarle a un sacerdote siro-malabar, uno de los guardianes de santo Tomás, sobre qué tiene la India para brindarle al cristianismo, me respondió que sin ninguna duda la fe transmitida por santo Tomás directamente a sus generaciones es única y de las más antiguas, porque es la herencia directa de quien colocó su dedo en las propias heridas del cuerpo resucitado de Jesús. Traje esa fe de regreso en mi corazón, junto a mi amor y admiración por este hermoso país lleno de cultura, filosofía y bondad.

Al final fue este viaje a la India lo que nuevamente me llevó a la fe por medio de la unión del OM con el AMÉN.

Cuarta parte
DESPUÉS DEL AMÉN

DESPUÉS DEL AMÉN

Dios es amor

La mayoría de los relatos de las diferentes religiones nos hablan de un momento en que vivimos en perfecta comunión con Dios y de otro en que nos separamos. Casi todos estamos de acuerdo en cuanto a las acciones que nos acercan a nuestra alma y Dios y las que nos alejan. El deseo, las ataduras y la identificación con las cosas de este mundo perecedero son conceptos que se repiten en casi todas las religiones, desde la budista hasta la cristiana. Necesitamos aprender a dominar nuestro deseo y, aunque éstas parecen palabras de Buda, constituyen una de las enseñanzas que nos fueron dadas también en Gálatas: «Así que les digo: Vivid por el Espíritu, y no seguiréis los deseos».

El teísta, el que cree en un Dios afuera, a veces limita a Dios, y el panteísta, el que cree que Dios es todo, a veces lo generaliza, pero se necesita aceptar que la experiencia y la relación con Dios no son exclusivas de un grupo o un país. No se puede monopolizar la luz. Como el sol, Dios ilumina con sus rayos a todos por igual. ¿Cómo descubrir su calor? No importa en qué parte del mundo ni en qué momento del tiempo nos encontremos, descubriremos que existe una historia que apunta hacia la experiencia que la humanidad ha tenido con Dios y su amor. Sobre el tema de Dios, al igual que en el amor, hasta que no se tiene la experiencia, tampoco podemos comprender de qué se trata.

Cuando decimos que perdemos la integridad, significa que hemos perdido el reflejo total del rostro del mismo Dios. Mirar hacia él nos restaura. Somos un espejo que para mostrar la imagen necesita tener su cara enfrente para reflejarnos en ella; separarnos es perder la imagen, y perder su imagen es perder el camino.

Miremos la naturaleza. Dios es belleza, está en cada atardecer, en cada gota de agua, en cada lágrima y cada pétalo de la flor más diminuta. Su espíritu vuela por debajo del valle y por encima de la cumbre de la montaña más alta. Por ese motivo necesitamos ser guardianes de nuestra Tierra, que tanto castigo recibe por nuestros excesos e inconsciencia. Lo mismo que organiza el universo y vive en mí, también puede dirigir mi viaje. Es un universo interminable y puede parecernos que somos el resultado de un juego de dados, pero la vida no es casualidad, Dios hizo el cálculo perfecto y nuestros cabellos están contados, ya que matemáticamente existimos gracias a su perfección. Si hubiera fallado en una sola milésima, nuestro mundo no sería apto para los seres humanos, así que deduzco que debe habernos amado mucho para que esta pequeña canica azul que es nuestro mundo tuviera las condiciones perfectas para la vida en medio de un universo donde no es tan probable que existamos. Estamos en sus manos.

Si Dios hizo todo bueno y está en nosotros, debemos tener bondad, belleza, amor y paz, aquí y ahora. Ya tendremos nuestros momentos de pérdida, mientras tanto necesitamos compartir con la humanidad nuestra propia alegría, que al final proviene de él.

La palabra «salvación» en griego es *sozo* y significa regresar a nuestra integridad, a la totalidad, a la plenitud, a lo que éramos en un principio, a lo que somos, a nuestra autenticidad, a lo que con Dios seremos en la eternidad.

Ciertamente, no debemos sentirnos siempre culpables por los errores de nuestros ancestros, pero sí estamos llamados a tomar mejores decisiones. Si bien es cierto que hemos nacido con algunas desventajas y predisposiciones que nos llevan a fallar en lo que respecta al discernimiento, no todo está perdido. Tenemos un compás integrado dentro de nosotros, lo que nos falta es la humildad para pedir la ayuda de Dios a fin de calibrarlo. A veces, por orgullo o miedo, se nos olvida pedir su asistencia, no podemos comprender cómo nos suceden las cosas que no queremos y por qué nos suceden las que tememos, pero encuentro que la vida es más fácil para aquel que tiene fe que para el que necesita muchas explicaciones.

La evidencia nos muestra que no siempre actuamos como seres divinos, pero muchas definiciones no nos llevan a Dios, sino que nos mantienen lejos de él, con los pies en el fango de la culpa. La madurez se alcanza cuando el balance de los extremos de nuestras etapas de búsqueda llega a su término medio. He luchado contra las opiniones teológicas sobre nuestra naturaleza, que van desde la depravada hasta la divina; he viajado desde las creencias equivocadas de Calvino sobre la total corrupción humana y el complementarianismo que subyuga a la mujer al hombre, hasta la culpa heredada de la supuesta mala interpretación de los textos en griego, de san Agustín. Sin duda hubo una separación, un cerrar de ojos que afecta a nuestra capacidad de ver y hacer el bien, o será que no hubo tal caída de la perfección, sino que como las mariposas nos metamorfoseamos y, por lo tanto, no hay culpables, sólo inocentes orugas, pero ese acto de separación, como dice la ortodoxia, *no* es una «mancha física».[1] Más bien significa que, después de la separación, tuvimos que enfrentarnos a las consecuencias: nacimos en un mundo donde es «fácil hacer el mal y difícil hacer el bien», como decía Pablo en Romanos, «no hago el bien que quiero, sino el mal que no quiero». Quizás heredamos una condición ancestral, pero Dios no puede maldecir y menos castigar o desterrar.

Esa tendencia heredada de estar lejos de Dios se puede comparar con un copo de nieve que ha ido creciendo con cada una de nuestras elecciones alejadas del bien, hasta convertirse en una imparable avalancha de error y dolor. Al ser partes del mismo cuerpo, heredamos las consecuencias y las tendencias de las decisiones ancestrales de la humanidad, pero no la culpa. La buena noticia es que nos caemos solos, pero nos levantamos juntos. Me preguntaba: ¿cuál es la diferencia entre conciencia y culpa? ¿No es la culpa necesaria? ¿No es el carecer de culpa un síntoma de ser un sociópata? La culpa, el arrepentimiento y el remordimiento son emociones que nos muestran que hay una incongruencia interna; el problema es que a veces sentimos culpa sin tenerla, mientras que otros la tienen porque alguien equivocadamente se la adjudicó para mantenerlos sumisos y para que paguen por siem-

---

1. Kallistos Ware, *The Orthodox Way* (Nueva York: St. Vladimir Seminary Press, 1995). Kindle, Location 1043.

pre una deuda que no tienen. El temor de Dios no es miedo, sino un profundo respeto, una gran humildad a la grandeza de lo que no se puede explicar con palabras humanas. La verdad es que nadie puede amar a quien se teme y nadie puede ir con una falta a un padre que lo castigue.

La culpa que no es saludable es utilizada como un arma punzante hacia nosotros mismos, está basada en una percepción falsa, y sólo busca su propio castigo. Como dicen las palabras de Jesús: «Si conociéramos el don de Dios, si supiéramos quién es Dios y cuánto nos ama…». La conciencia tocada por Dios busca resolución, reconciliación, perdón y sanación. Esto ocurre cuando regresamos a la fuerza de Dios en humildad. Una falta que no se ha aceptado, que permanece en la negación, sin que hagamos un esfuerzo por buscar perdón, se convierte en sufrimiento y angustia interior.

Una de las palabras que considero más hermosas y que constituye una prueba de que Dios no busca castigo la encontré en Juan, cuando declara: «Donde hay amor no hay miedo. Al contrario, el amor perfecto expulsa el miedo, pues el miedo supone el castigo. Por eso, si alguien tiene miedo, es que no ha llegado a amar perfectamente».[2]

Dios es compasivo, con seguridad él comprende lo difícil que es caminar en la cuerda floja del bien y del mal. Si los ángeles, estando cerca de Dios, cayeron antes de la creación, y si nuestros ancestros, estando en comunicación directa con Dios, igualmente cayeron, y si Judas Iscariote, estando en la mesa junto a Jesús, también cayó, qué puede esperarse de nosotros, nacidos en un mundo que ya estaba caído y en perfecta desventaja.

Las opiniones del extremo opuesto, que afirman que ya somos perfectos, tampoco nos ayudan. Esto no quiere decir que no busquemos «ser perfectos, como Dios es perfecto», pues somos su imagen. Como decía Gregorio de Nisa, la perfección de la naturaleza humana radica

---

2. 1 Juan 4.18 (dhh).

en nuestro crecimiento en el bien. Al final Dios dijo que lo que había creado era bueno. Aquí recuerdo que, aunque la materia no se vea perfecta, lo que la sostiene lo es.

Cuando estamos perdidos en el mar, la fe es la señal que nos alumbra tal como un faro de luz para mostrarnos el camino de regreso a nuestro curso original. La lección es reconocer nuestra vulnerabilidad, pero emancipada por la inocencia y no por nuestra total concupiscencia. Un Dios bueno y misericordioso nos acepta con todas nuestras imperfecciones y caídas.

Como cuenta Jesús en la parábola del hijo pródigo que llegó vencido, sólo necesitamos regresar: «Su padre lo vio y sintió compasión por él, quién corrió, se echó sobre su cuello y lo besó. Pero el padre dijo a sus siervos: «Rápido, traed la mejor ropa y vestidlo; ponedle un anillo en la mano y sandalias en los pies. Traed el becerro engordado, matadlo, y comamos y regocijémonos porque este hijo mío estaba muerto y ha vuelto a la vida; estaba perdido y ha sido hallado». Y comenzaron a regocijarse. Lucas 15.20-24 (nblh).

No hay condición que sea imposible de perdonar siempre que estemos dispuestos a permitir que Dios nos guíe junto a sus tesoros de bondad, amor, compasión y paz. Si podemos ver nuestros errores, ya estamos en ventaja, porque la mayoría no podemos ver cuándo fallamos; sólo Dios sabe la diferencia y reconoce nuestra inocencia.

La oración es la gran oportunidad que Dios nos brinda para ayudar a otros. Tanto los vivos como los que están en el cielo siguen orando, es por eso por lo que pedimos al cielo para que nuestras voces en oración se dupliquen.

Abba Zeno, un monje del desierto, decía que para que Dios escuche nuestra oración primero necesitamos comenzar orando por el bien de nuestros enemigos, de esta forma, asegura el monje, Dios escuchará todo pedido que le hagamos después en la oración.

Cuando miramos al cielo, para pedir por otro, su gracia cae sobre nosotros primero. Ésa es la ventaja de tener un Dios íntimo que nos escucha, que nos comprende y, más importante aún, que nos responde, porque al mismo tiempo está dentro y fuera de nosotros. Uno de los grandes secretos es saber esta verdad sobre la naturaleza de Dios, dicha aquí en las palabras de san Pablo: «Porque en él vivimos, y nos movemos, y somos».[3] Si es así, y si todo lo que él es resulta bueno, compasivo, misericordioso y amoroso, entonces, lo que debemos hacer es abrir los brazos y recibirlo, tomar su mano y caminar con él, descansar, rendirse y abandonar la lucha para dejarnos abrazar por su amor.

La verdadera imagen de Dios debe corresponder con la de un ser bueno, muy diferente a la de alguien que nos castiga, nos amenaza o nos pone a prueba como si fuéramos unos monigotes. Dios es todo bondad, pleno y lleno de absoluto amor y perfecta benevolencia. Es un Dios cercano, pero a la vez todopoderoso. Después de recordar las cualidades de Dios, necesitamos estar dispuestos a ser como el girasol e ir volteando todo nuestro ser hacia él en cada momento. No importa lo que ocurra, debemos seguir mirando hacia él. Si el girasol no mirara hacia el sol, sin duda moriría, porque es su única fuente de luz y vida; igual sucede con nosotros. «Acercaos a Dios, y él se acercará a vosotros».[4]

Dios es amor, pero existe un síndrome colectivo de pensar que no somos lo suficiente, que debemos temerle al Dios castigador y que nada merecemos. Con razón se nos hace tan difícil entregarle nuestra vida y buscarlo. Existen realidades llenas de sufrimiento y pérdida, es cierto que ocurren situaciones dolorosas, pero no por castigo, sino por la naturaleza inestable del mundo. El miedo al cambio es lo contrario a creer plenamente que, si lo permitimos, Dios nos brindará las mejores experiencias para nuestro crecimiento futuro. Por lo general, cuanto más cerca estamos de Dios, más armonía experimentamos, porque la mayoría de las cosas desagradables que nos ocurren son consecuencias de nuestra propia falta de discernimiento (consciente o inconscientemente). Lo demás sucede por la inconsciencia de los otros o por la naturaleza cambiante de las cosas.

3. Hechos 17, 28.
4. Santiago 4, 8.

A veces no se da en el blanco la primera vez, sino que se necesita errar varias veces hasta lograr llegar al camino correcto. De hecho, el verdadero significado de la palabra «pecado» es fallar en el intento, precisamente quiere decir «no dar en el blanco»; en griego equivale al término *hamartia* y se refiere al deporte del arco y la flecha. Así que, de acuerdo con los griegos, a través de mi vida he tenido muy mala puntería. En resumen, la palabra «pecado» significa no acertar, equivocarse, pensar o actuar erradamente.

A veces tenemos más fe en el mal que en el bien, y es por eso por lo que muchos esperamos lo peor. Creer en el mal es lo mismo que tener fe, pero en el lugar equivocado: en la duda y en la desesperanza, lo cual resulta en miedo, lo contrario a Dios, que es todo amor. Esto es lo que significa «no dar en el blanco», apuntar y apostar hacia el lugar contrario, hacia el mal y la oscuridad. Una manera filosófica de ver el mal es considerando que éste ocurre cuando llevamos algo bueno hacia el extremo. La gula es comer demasiado, el apego es amar demasiado, la lujuria es desear demasiado, la angustia es pensar demasiado. El que roba busca su valor en las cosas que obtiene, todo el mal se hace en busca de una satisfacción externa, para llenar el vacío que llevamos por dentro.

En mi libro *Los ciclos del alma* hablo sobre los miedos y su antídoto. De acuerdo con nuestras experiencias, algunos tenemos esos miedos más desarrollados que otros. Son dichos miedos los que sin saberlo nos llevan a elegir el mal. Entre ellos están el miedo a perder la seguridad física y emocional, el control, el amor y la aprobación. Haremos cualquier cosa con tal de preservar lo que creemos importante, por esa razón Dios debe ser lo más importante, ya que es lo único elegido que jamás podremos perder.

¿Cómo se traduce toda esta filosofía casi utópica a mi vida real? Con mucha paciencia y persistencia. La fe es como la confianza, tarda en crecer, pero en un segundo puede desplomarse. Se necesita la humildad de saber que no somos perfectos, la paciencia para levantarnos al caernos, y la persistencia para seguir viviendo con la esperanza de lo que no se puede ver. Necesitamos dejarnos moldear por sus manos y hacernos fuertes por medio de su fuego. «A pesar de todo, Señor, tú eres nuestro padre; nosotros somos el barro, y tú el alfarero. Todos somos obra de tu mano».

Sobre el amor

La independencia es adictiva y a veces estar en una relación también lo es. Desde los catorce años, no recuerdo un momento en que no haya estado casada, comprometida o esperando algún amor. Necesitaba este paréntesis en mi vida para encontrarme, y la sorpresa que me llevé fue el encuentro conmigo misma y con Dios.

Nada nos hace crecer, conocernos y acercarnos más a Dios que el amor, es por eso por lo que Dios nos diseñó con la necesidad de encontrarlo. No es bueno que el hombre (o la mujer) estén solos, necesitamos relacionarnos con los demás. ¿Cuál es el propósito de la vida sino el intento de encontrarnos a nosotros mismos, lo cual no podemos hacer cuando estamos aislados? No podemos mirarnos por medio de nuestros propios ojos ni besarnos por medio de nuestros propios labios. La única manera de vernos es a través del reflejo de las pupilas de alguien o de besarnos con los labios de otro. La paradoja es que nadie puede crecer en soledad, pero tampoco puede vivir sin ella. Jamás se debe temer a la soledad, para muchos el costo del miedo a estar solos puede ser demasiado alto. No podemos olvidar que con Dios nunca estamos solos, pero sin él, aunque estemos acompañados, nos sentiremos desolados.

Somos cuerpo, mente y corazón, y el amor se expresa de diferentes maneras. A veces comienza por el eros: un amor del cuerpo que sólo desea para sí, y luego termina en ágape: un amor incondicional que nace del corazón, que da de sí mismo y no depende de la reciprocidad. El amor perdura, pero la lujuria se esfuma. Sólo el tiempo, por medio de las acciones y las elecciones, puede elevar un momento de pasión a una vida de amor. El amor es una semilla frágil, pero dentro de sí tiene el diseño de una vida y una familia. Ésta sólo crece si se le presta atención, si es regada, apreciada y alimentada. El amor es una llama que puede apagarse, pero no una chispa que pueda encenderse a voluntad. Es un misterio que se revela por medio de la constancia. Mi corazón crece cuando reconoce en otra persona las cualidades que a veces ni ella misma puede ver, las cuales son un reflejo de las mías, porque sólo se puede reconocer lo que ya somos.

Algunas veces he amado en silencio. El amor a veces es inconveniente. Nos enamoramos más allá de un físico, la sustancia del amor verdadero vive más allá de la retina de los ojos. He aprendido que no todos los amores pueden llevarse a la realidad, algunos, a pesar del anhelo, es mejor dejarlos en el corazón, pero sin ocupar el espacio de la posibilidad de amar de nuevo.

«Hay muchas personas a las que amarás, y no serán necesariamente las personas con las que harás una vida. ¿Estás buscando una historia de amor o una historia de vida?». Estas palabras de la psicoterapeuta Esther Perel son muy ciertas.

Vivimos en espíritu, alma y cuerpo, nos enamoramos tres veces. Se puede hacer el amor con el cuerpo, sin embargo, no se puede tener intimidad sin el alma. La intimidad implica dejar ver el interior. Se ama en la compañía y a veces en la separación, pero en el amor jamás estamos ausentes, porque, aunque nos encontremos muy lejos, siempre estamos presentes.

El verdadero amor es un milagro que ocurre entre dos personas, no tiene definición ni explicación; a veces pensamos que no llegará nunca y, de repente, aparece en el momento y de la manera menos esperados, pero para el amor no existen barreras ni limitaciones. Quizás el mayor obstáculo que he hallado para encontrar el amor es el miedo a perderlo, pero es un riesgo cuyo precio vale la pena pagar para vivirlo.

Nos han dicho que una relación de matrimonio para toda la vida es lo ideal y el eslabón más fuerte de la sociedad, pero también es cierto que no todos desean o necesitan vivir en matrimonio para sentirse completos. Casados, conviviendo o solteros, todos tienen ventajas y desventajas. Estar casados no es una garantía de felicidad para toda la vida. El éxito de una pareja no se mide por la longevidad de la relación, sino por la honestidad. La comodidad, el qué dirán y la seguridad no son una buena motivación para quedarse en una relación.

Buena o mala, todo elección que hacemos tiene un pago, pero también tiene un regalo.

Algunos dicen que el amor se acaba, pero no siempre es así, a veces cambia, otras, muere por falta de atención, presencia, agradecimiento y necesidad de respirar puro oxígeno. El problema no es dejar de amar, sino ser honesto con el otro cuando el amor se acaba.

El compromiso más grande es elegir amar a una sola persona entre todas las posibilidades, aunque a veces la persona más difícil de amar somos nosotros mismos. El amor propio es el respeto que nace de tratarnos como una joya irreemplazable en cada momento, y de esta manera lo haremos por los demás, porque el amor jamás se da por sentado, ni subestima el valor del otro.

Quien no ha aprendido a amarse, será incapaz de amar a otro. Experimentamos fracasos porque muchos no tuvimos el ejemplo ni sabíamos cómo se sentía cuando alguien nos valora y nos colocaba en primer lugar. El riesgo de amar es preferible al de morir sin la habilidad de sentir.

Nos deslumbramos por un físico que no perdura. Vivo en Miami, una ciudad en la que se respira sensualidad, algo que notas en la vestimenta ajustada, la letra de las canciones, los anuncios de cirugías plásticas, el anhelo de perfección física y los despliegues de la moda. Existe una gran insatisfacción que el sexo no cura, como un virus que se ha hecho inmune a los antibióticos por el exceso y los abusos. La lujuria es desear placer sin arriesgar el corazón.

El día que dejamos de amar, dejamos de vivir. Lo opuesto al amor no es el odio, sino la muerte, porque amar es vivir. Cuando no amamos no crecemos.

Existe una parte muy alta en el Yunque, un bosque lluvioso tropical en Puerto Rico, que es mi lugar predilecto para hacer caminatas meditadas. En las alturas se encuentra un área que contiene un bosque en miniatura, le llaman el Bosque Enano, pues la elevación ha provocado que la falta de oxígeno impida el crecimiento de sus árboles, que no pasan de tres metros. Igual sucede en el amor, que es el oxígeno para el corazón. Si no amamos, no crecemos. Dios es amor y es el arquitecto de los latidos y del oxígeno.

Sentir amor por otro nos recuerda el amor de Dios en nuestro propio corazón. El amor es la fuerza más avasalladora que existe en la Tierra, incontrolable y fugaz, sentirlo es lo más cercano que tenemos a ver a Dios. ¿Qué tiene que ver Dios con el amor? Sólo conociendo a Dios podemos reconocer el amor puro, sólo amando a otro podemos recordar cuánto nos ama Dios. Creo en el amor, me repito una y otra vez. Cuando eliges amar, esa decisión hará que el mismo Dios desborde su amor desde tu propio corazón. No puedes ver a una persona realmente a menos que en verdad la ames; de esta manera la amas tanto con sus bellas cualidades, como con sus defectos.

«Si no tengo amor, de nada me sirve hablar todos los idiomas del mundo, incluso el idioma de los ángeles. Si no tengo amor, soy como un pedazo de metal ruidoso; ¡como una campana desafinada! Si no tengo amor, de nada me sirve hablar de parte de Dios y conocer sus planes secretos. De nada me sirve que mi confianza en Dios me haga mover montañas».[5]

El nido vacío

Cuando miré el calendario, quedé sorprendida al ver que la fecha del lanzamiento de uno de mis libros coincidía exactamente con el temido día en que mi hija volará del nido. Era una gran casualidad, exactamente ese mismo día mi hija comenzaba su colegio en Nueva York.

«¿Quién hace estas agendas? ¿Quién planifica mi calendario?», exclamé. Miré al cielo y di las gracias. Dios sabía que, con el lanzamiento de un nuevo libro y otro por escribir, estaría tan ocupada que me quedaría muy poco tiempo para lamentarme.

No podía creer que aquella niña que nació en Key West (Florida) ya tuviera dieciocho años. Después de preparar cajas, ropas, zapatos, maquillajes y todo lo necesario para comenzar una nueva vida, de pronto pensé que para ella tampoco debía ser fácil dejar su hogar y su niñez. No nos hemos separado durante dieciocho años, pensé. Cada noche sabía que mi hija dormía en la habitación de al lado, sin embargo, dentro de dos días despertaría y ya no estaría en casa conmigo. ¿Qué voy a hacer cuando pase por su cuarto? ¿Cuando no escuche el ruido ensordecedor de su música, a sus amigas y su risa?

---

5. 1 Corintios 13.

Esa noche nos acurrucamos en mi cama junto a nuestros dos gatitos persas, que seguro estaban al tanto de su partida, porque no se separaban ni un segundo de nosotras. No podía dormir, constantemente la miraba y la acariciaba mientras dormía. A la mañana siguiente, cuando ultimábamos los últimos detalles para partir, le recordé su rosario, le di una medalla de san Benito, y le insistí en repetir el Padrenuestro cada mañana y cada noche.

—Sí, mami –me decía como respuesta automática para todo lo que salía de mi boca–. Ya sé, mamá.

Al llegar al colegio en Nueva York hicimos el trato de no llorar. El camino de regreso fue el más largo de mi vida, las dos horas hacia el aeropuerto me parecieron una eternidad.

No lloré, pero, cuando llegué a mi casa, me metí en la cama y no paré de sollozar durante toda la noche y parte del día siguiente. Creo que se me vaciaron las lágrimas de los ojos y los suspiros del pecho, porque a la mañana siguiente me sentí mejor. Como diría Gustavo Adolfo Bécquer: «Los suspiros son aire y van al aire. Las lágrimas son agua y van al mar».

La vida se compone de principios y finales, porque celebramos el comienzo y recordamos el final, pero rara vez apreciamos lo que ocurre en medio del paréntesis. Ahora lo que más extrañaba era precisamente la rutina a la que antes me resistía: levantarme en las mañanas, correr a la escuela, hacer el desayuno…, acciones que tantas veces realizaba inconsciente y sonámbula. «¡Qué daría por tener otro día para llevarla a su escuela por la mañana!», me decía. La vida no sólo se compone de grandes momentos de alegría, éxito y triunfo, sino el conjunto de los pequeños momentos de rutina vividos estando presentes. Hay momentos para reír y otros para llorar, hay momentos para olvidar y otros para recordar. Me lavé la cara y suspiré.

Ahora comprendo los años de adolescencia de mi hija y también puedo entender la mía. Ambas tratábamos de encontrarnos, de vernos por medio de nuestras elecciones, que no son otra cosa que los reflejos de nuestros propios deseos y anhelos. No aprendemos por las experiencias ajenas, al final, no hay mejor conocimiento que aquel que se adquiere por medio de nuestras propias caídas. Cada error es un paso hacia nuestro interior.

El tiempo pasó como usualmente lo hace, en silencio y sin darnos cuenta. Ese año lo despedimos con buenos amigos. Era una noche de invierno tropical, y mi amiga había preparado una linda velada que unía a muchos padres con sus hijos. Los más chicos corrían por los pasillos, mientras que nuestros niños, que ya no eran niños, reían y compartían sus vivencias. Como mi hija, los otros chicos se encontraban de regreso de las respectivas ciudades donde se hallaban sus universidades para pasar las vacaciones. Sus rostros estaban casi irreconocibles, pues ya mostraban la inminente llegada de un adulto joven. Miraba a mi hija con su porte y se veía muy madura, con un tono de seguridad en su voz que me decía claramente que ya no era la misma niña que se había ido al colegio.

Mientras vivimos con ellos no somos conscientes de sus cambios. La vida se nos va y no nos damos cuenta de cuán pronto pasa.

Evolución

Tal como la adolescencia, todos tenemos etapas en la espiritualidad. Algunas personas permanecen en su religión original, algunas necesitan estructura y otras necesitan distanciarse de la estructura. Hay quienes en diferentes etapas de fe necesitan el espacio para cuestionar, distanciarse o experimentar a Dios en otros idiomas y otras formas. Nadie puede juzgar o dirigir su viaje.

En una ocasión tuve una conversación con un sacerdote, y querido consejero espiritual, le confesé que mi proceso espiritual personal siempre había sido «complicado». Le recordé una de sus clases de teología cuando nos dijo que en la vida espiritual existían varias etapas, y pensé que podría estar en medio de una de ellas. Le escribí llena de culpa:

En este momento tengo tantas diferencias irreconciliables con algunas creencias, con narrativas y en realidad con la religión en general, que no puedo seguir llamándome de ninguna manera en particular. A través de la vida he guardado dentro de mí un poco de todo lo que he aprendido: soy una universalista, naturalista, individualista, humanista y hasta a veces escéptica, soy todas esas descripciones que no suenan cristianas, pero, al mismo tiempo, soy una amante de Jesús.

Él me respondió

Querida Sharon, sí, esto significa que estás creciendo espiritualmente y, por favor, no pienses que te estás «perdiendo». Cuanto más nos acercamos a Dios, más necesitamos «reajustar» el papel de la institución y los sistemas teóricos en nuestras prioridades.

Esta respuesta lo cambió todo para mí. Mi alma suspiró de paz al leer este mensaje. He aprendido íntimamente de varias religiones y mi *spectrum* de color es amplio y diverso. Elegí no pertenecer sino ser. Acepto que es un camino solitario, pero también es una ventaja el no necesitar la aprobación ni tener la presión de un grupo, resulta en la libertad de seguir cuestionando, aprendiendo y profundizando.

Mi fe ha evolucionado. Como un niño en crecimiento, dejé de creer en criaturas míticas de miedo o en la interpretación literal de revelaciones apocalípticas. Sucedió, no por falta de fe sino por educación y gracia. Dejé de tener fe en el mal para tener toda mi fe en el amor, porque ambos no pueden coexistir en el mismo espacio.

Recuerda que Dios es amor ágape, el tipo incondicional. Recuerda también que su amor es un regalo, no una recompensa. Su amor no es una transacción sino un hecho, no basado en pago, nacimiento o mérito. Su amor es inevitable sin importar lo oscuro que se ponga.

En cuanto a la manera de ver a Dios, no estoy proponiendo que todos seamos iguales, sino que aceptemos y respetemos el lenguaje de cada uno para describir lo Divino. No permitamos que la búsqueda de Dios se convierta en un motivo más para juzgarnos unos a otros.

Es mejor vivir con la inocencia de una pregunta que con la arrogancia de la respuesta. La sabiduría es aceptar que hay más de una respuesta para cada pregunta. El conocimiento es la ilusión y la arrogancia de tener la única respuesta. Las preguntas son puertas a posibilidades aún no consideradas.

La pandemia y su regalo

¿Cómo vivirías si en vez de un año nuevo, éste fuera tu último año de vida? No hay pregunta que ponga nuestras vidas en su debida perspectiva como: ¿qué haríamos si supiéramos que es el último año de nuestra vida? Si supiéramos que nos queda poco tiempo por vivir, no creo que lo desperdiciáramos mirando nuestro peso ni las imperfecciones, ni cuánto dinero tenemos en el banco, ni cuántos compromisos vanos vamos a aceptar. Si fuera nuestro último año, querríamos ser auténticos, poniendo nuestros asuntos y prioridades en orden, dejando ir lo imposible y viviendo con pasión, haciendo esa visita a nuestros amigos o a un familiar, pidiendo perdón por el mal hecho y otorgándole nuestro perdón al que nos ha faltado. No habría tiempo que perder en rencores, en las redes sociales, en cosas triviales ni en horas de oficina para complacer a algún superior.

Utilizaríamos ese tiempo para perdonar, para abandonar lo imposible, para vivir lo posible y amar. Seguro que buscaríamos la manera de volver a estar en comunión con Dios. Daríamos abrazos más fuertes, miraríamos a los ojos y daríamos los besos más largos. Estaríamos más presentes con nuestros seres queridos, mirando lo importante, orando a Dios. Muchas personas que sufren una enfermedad terminal se vuelven a Dios con pasión. Lo he visto. ¿Qué harías? La diferencia entre vivir en complacencia o vivir con urgencia no es cuestión de actitud, sino de perspectiva.

No hay edad para partir. Necesitamos estar fuertes en el espíritu, en el perdón y en el conocimiento interior, que es lo que marcará la diferencia para enfrentar y transcender esos momentos difíciles de pérdida, que son inevitables, pero que forman parte de nuestra naturaleza. He visto cómo el poder de la oración es realmente milagroso. En esos momentos cuando pensábamos que nada podía darnos consuelo, llega la oración y nos levanta con un aire de esperanza.

Los momentos difíciles, los problemas de salud, los finales…, pueden suceder a pesar del positivismo; no son un fracaso; son parte de un mundo impermanente. En esos momentos necesitamos confiar en Dios para recibir esperanza, consuelo, amor, compasión y comprensión para nosotros mismos y los demás.

En estos años que fuimos visitados por la pandemia, cada uno fue probado por medio de pérdidas, tanto de vidas, como de trabajo, de amigos, de rutina, de salud. Perdí varios amigos, y a mi más grande compañero mi gatito persa de 17 años, las mascotas también son parte de la familia. La pandemia fue una interrupción casi necesaria tras años de división y discordia mundial, pero, qué difícil es dejar ir y que fácil es olvidar y regresar a la rutina.

Estamos en la víspera de un futuro maravilloso o de una destrucción, todo depende de la historia que elija la mayoría. Los seres humanos tenemos una conciencia compartida, para lograr cambiar el mundo, necesitamos ponernos de acuerdo y esperar el mejor resultado. Lamentablemente, mucha gente ha perdido la esperanza y aguarda el apocalipsis, la peor historia del fin del mundo.

La oración es creer en el mejor desenlace sin dar fuerza a la evidencia externa. Luego, tomar decisiones y dar pasos para lograr el mejor resultado. La respuesta está dentro de nosotros.

Después de esta pandemia de COVID-19, escucharemos nuevas voces, nuevas formas de pensar, nueva música, nuevos artistas y escritores, nuevas formas de relacionarte con Dios y aprender a vivir juntos en la verdad, la unidad, el amor y la paz. Surgirán nuevos poderes y otros caerán, creando tensión entre los que quieren mantener el *statu quo* y los que claman por un cambio, pero una cosa es segura, todo evoluciona.

Mientras escribo frente a mi ventana en este piso alto, contemplo cada atardecer, porque en cada crepúsculo tengo la dicha de ver el sol cuando desaparece en el ocaso.

Los rayos, curiosamente, brillan más fuerte unos segundos antes de partir, como despidiendo el último destello del día, que poco a poco va desapareciendo en el ruedo del horizonte. Cuando comienza la partida del sol, puedo contar los segundos y casi puedo escuchar los que pudieran ser sus últimos latidos antes de esconderse sin regreso… siete… seis… cinco… Siempre se va a la hora exacta, ni un segundo más ni uno menos y, cuando se va, ya no puedo hacer nada para que regrese. El último rayo de la tarde se lleva en un segundo un día de mi vida que ya no volverá. Es preferible vivir cada día como si fuera el último atardecer, al final nunca sabremos si efectivamente lo será, como bien nos mostró la pandemia.

Escuché la historia de un hombre sabio a quien le preguntaron su edad, a lo cual él respondió que apenas tenía unos diez años, algo imposible, porque este hombre aparentaba ochenta. Luego aclaró que existe una diferencia entre la edad cronológica y el tiempo realmente vivido.

—El tiempo que realmente se vive es único –decía–, porque es cuando en realidad estamos despiertos, alerta y con sangre en las venas. Son esos minutos relámpago en que volvemos a nosotros mismos, cuando regresamos a la vida. Eso sólo sucede en esos instantes en que amamos intensamente, sufrimos fuertemente, tememos por nuestra vida, perdemos o agradecemos algo, recibimos algo hermoso, en fin, cuando estamos presentes con todos nuestros sentidos, lo que lamentablemente es una rareza, porque muchas veces no sucede ni en un diez por ciento de la vida. Puedes reconocerlos porque son esos buenos momentos que terminan muy pronto y también son aquellos malos que parecen eternos. Si das un beso, querrías que el tiempo se detuviera, pero lamentablemente una linda noche pasa en un segundo.

Sin embargo, un momento de miedo e incertidumbre es como el sonido estridente entre dos cubiertos de metal. El tiempo no pasa lo suficientemente rápido para el que sufre, ni es suficientemente largo para el que ama.

Quinta parte
EL REGRESO

EL REGRESO

Las lecciones aprendidas

No importa en qué etapa estemos de nuestro viaje espiritual, es probable que seamos juzgados por los demás o por nosotros mismos. Pero, como hizo Jesús con el criminal en la cruz que estaba arrepentido, Dios jamás nos condenará, nos condenamos nosotros mismos.

No podemos pretender ser la combinación perfecta para todos, pero tampoco podemos juzgar a otros, y esperar que los demás llenen todas nuestras expectativas. Si vivimos tratando de convencer al que es diferente para que cambie hacia nuestra manera de pensar, terminaremos exhaustos. Nuestras relaciones pasadas gobiernan y reflejan nuestra relación con Dios y con los demás. La mayoría de las personas que juzgan a los demás con dureza lo hacen porque están llenas de vergüenza y, por lo tanto, se juzgan a sí mismas y a otras con dureza. La autoconciencia es la puerta hacia la liberación de nosotros mismos. La vida requiere aceptación, pero otras veces requiere seguir de largo.

Es más importante ser auténtico que perfecto. Lo peor en la vida es no ser nosotros mismos por miedo a perder la aceptación de los demás. Es mejor perder un poco de aprobación exterior que autenticidad interior, pero debemos hacerlo con amor, no hay necesidad de amargarse o amargar a otros. Imitar a Jesús es lo mejor que podemos hacer, las acciones muestran más que las palabras, pero no es necesario hacerlo para agradarle, pues él ya nos ama sin medida.

Mis conclusiones de esta etapa de vida pueden resumirse en vivir apreciando cada momento y cada etapa sin resistir ni apresurarla, pues nunca existe un momento más importante que el que estamos viviendo. Necesitamos hacer un esfuerzo para evitar precipitarnos y llegar a conclusiones falsas sobre todo lo que nos ocurre en la vida. Demasiadas veces queremos buscar una explicación que tenga sentido para todo, pero es importante aceptar que a veces en esta vida no es necesario ni posible comprenderlo todo. Las desilusiones suceden, no porque Dios no nos escucha, sino porque nuestra mente camina demasiado rápido y la realidad no concuerda con la fantasía. Otras veces la realidad resulta mejor de lo que pensamos, pero, tal vez no nos damos cuenta y la juzgamos peor de lo que en verdad es, porque en nuestra mente pensamos que queremos algo mejor y no apreciamos lo que *es*. Al final, tanto el optimismo como el pesimismo pueden jugarnos una mala pasada.

Nos creemos videntes anticipando desenlaces falsos que al final sólo traen sufrimiento. Es mejor anhelar lo específico, pero a la vez permitir que Dios nos sorprenda con el desenlace ideal. He podido ver que muchas veces el mejor desenlace es precisamente el que no queremos o el que no esperamos, pero con frecuencia la verdad no se hace evidente hasta que pasan una veintena de años. Necesitamos confiar y agradecer.

La vida es como el mar, a veces está lleno de olas y otras, plácido. De nada vale luchar contra él. Hay momentos en que necesitamos surfear sus olas, otros, nos conviene abrir los brazos y flotar, pero hay ocasiones en que, para evitar ser revolcados, lo mejor es zambullirse en ellas. Dios no siempre va a cambiar la marea, pero la oración es la tabla que nos mantiene a flote, tanto en medio del oleaje como en la calma. Aferrados a ella podemos manejar tanto las marejadas altas como las bajas. A veces nos aventuramos sin Dios, pero lo mejor es no soltar la tabla. Seguir orando.

Sólo un niño va a sufrir toda la vida por un día con demasiadas olas, sólo un terco deja de vivir hasta que llegue la calma. Entrar en el mar es un riesgo, pero el mayor riesgo es no hacerlo y mirar la vida desde la orilla.

Toma tu tabla y camina hacia el mar, diría Jesús. Dios es el fin, pero la oración constituye el medio.

¿Cuál es el secreto de todo? Al final, Dios es el gran secreto. Verónica, la mujer que tendió un lienzo durante el viacrucis para que Jesús se secara el sudor y se sanara con tan sólo tocar el manto, lo sabía muy bien. «Tu fe te ha sanado», le dijo Jesús. Llevaba años tratando de curarse. ¿Qué cambió? Tenía fe, pero la valentía de su gesto la aumentó, tomar la iniciativa de alcanzar la divinidad lo cambió todo. La fe no es tanto creer, como reconocer. De hecho, el término *Vera Icon*, significa verdadera imagen.

«Quedaos quietos, reconoced que yo soy Dios», dice un salmo. De alguna manera esa certeza interior del amor inigualable de Dios lo cambia todo, y nunca está de más invocarle:

Dios Padre que de la nada nos has creado, Dios del amor que todo lo consume, Dios omnipresente que estás en todas partes, Dios omnisciente que todo lo sabes, Dios de muchas moradas que habitas en todo lugar, Dios íntimo cuyo reino vive en mi interior, Dios misericordioso que todo lo perdona, Dios benevolente que eres bondadoso, permito que expreses tu más alta voluntad en todas las áreas de mi vida, hoy soy un instrumento de tu amor, con tu luz dame tu imagen para que cada vez sea más semejante a ti.

Mientras estudiaba en Nueva York, una de mis clases favoritas era la apreciación del arte. En ella aprendí que se necesita tiempo para descubrir lo que no es visible a los ojos, como bien nos muestra el Principito. Existe una diferencia entre mirar un cuadro y realmente verlo. Lo mismo nos sucede con las personas. En la vida, la mayoría sólo mira superficialmente. Por eso cuando nos referimos a la primera impresión de las cosas decimos que las estamos considerando «a simple vista». La definición de «a simple vista» lo dice todo, pues significa: sin fijarse mucho o sin prestar atención. Necesitamos pedir los ojos divinos para poder ver realmente. La primera impresión es, por lo general, la que llega distorsionada por nuestras definiciones, ya que juzgamos según lo que somos, y somos la suma de lo que hemos experimentado e interpretado. Hacemos lo mismo con las personas, pero nadie puede amar a otro si no puede verlo tal cual es.

Gracias a esas clases de arte descubrí la técnica de pintura llamada puntillismo, popularizada entre otros por Seurat y Van Gogh. El pintor, contrario a colorear por medio de pinceladas con colores mezclados, lo hace por medio de pequeños puntos de color puro, que la retina se encarga de «mezclar» cuando se miran desde la distancia, un fenómeno visual que crea una gama especial de las combinaciones deseadas. Sin embargo, la mezcla de los colores es una ilusión, porque los mismos están separados. Nuestra percepción, igualmente, toma las experiencias, las combina y las percibe a su antojo. Tal como la imagen del cuadro no puede discernirse mirando sólo los puntos individuales de color, tampoco podemos comprender los momentos de nuestras vidas cuando los miramos por separado. Simplemente no tienen sentido.

Sólo estando lo suficientemente presentes podremos disfrutar de la historia del cuadro del ahora. El presente a veces sólo tiene sentido cuando se ve desde la perspectiva de un día futuro, porque cuanto más cerca estoy del presente, menos claro puedo ver la razón de las cosas. Quizás sea porque el presente empaña la visión de lo que ocurre, como cuando ponemos las manos tan cerca de los ojos, que ni siquiera podemos ver nuestros dedos.

Con respecto a las experiencias que suceden sin una aparente relación entre sí, sólo podemos confiar en que el tiempo un día nos revelará la obra completa de la vida, lo que equivaldría a apreciar el cuadro desde la distancia. El pasado siempre se ve más claro cuando la pintura se ha asentado. Existen experiencias en la vida que no podrás comprender hasta ese día en que el tiempo haya levantado el velo del entendimiento.

Nuestras experiencias componen los pequeños puntos del mosaico de nuestra vida, las que a su vez convergen con las vidas de otras personas. No nos damos cuenta de que estamos entrelazados, pero, sin los colores del otro haciendo juego con los nuestros, seríamos una mera gota de color aislada. Los colores de los demás siempre dan matices a nuestra vida, a veces la oscurecen y a veces la aclaran, pero eternamente hacemos arte.

El ejercicio de sentarme a escribir mi historia y ver el pasado con los ojos del presente ha sido una gran revelación. Lo más importante es sacar cuenta de que, aunque la mayoría de las veces no sabía lo que hacía y estuve expuesta a situaciones incómodas y tristes, éstas no pueden ser comparadas con los momentos de gracia, amor y providencia con los que mi vida ha sido bendecida y por los que me siento agradecida inmensamente.

Si miramos de cerca la obra más hermosa de Seurat, veremos muchos puntos aislados. Si sólo miramos los puntos negros, la pintura no tiene sentido; sin embargo, si un día nos alejamos un poco para ver el cuadro completo, comprobaremos que en la vida sucede tal como en su obra *Tarde de domingo en la isla de la Grande Jatte*. Esos puntos negros son las sombrillas oscuras, tal como el cielo oscuro y las estrellas, su única función es hacer que los demás colores resalten.

Dios nos promete que algún día lo entenderemos todo. A veces me pregunto: ¿Por qué Dios hace todo tan difícil para encontrarlo? Me gusta la analogía de C. S. Lewis, en la que compara a Dios con Shakespeare[6] como el creador de su propia obra. Shakespeare puede ver a Hamlet en su obra, pero Hamlet no puede ver a su creador, pues viven en dimensiones tan diferentes que Hamlet jamás sabría de su existencia. Para poder llegar a Hamlet, el creador sólo podría entrar en la obra por medio de otro personaje, ya que ambos constituyen dos naturalezas diferentes. Así ocurre en la historia de Dios cuando entra en este mundo para compartir la naturaleza de la humanidad por medio de Jesús, pero sin perder su divinidad. A la vez, por un tiempo la divinidad vive limitada por la tiranía de las páginas y los capítulos del libro,

---

6. C. S Lewis, *Surprised by Joy: The Shape of my Early Life*, First Mariner Books edition, 2012, p. 227 (*Cautivado por la alegría: Historia de mi conversión*, Nashville: HarperCollins Español, 2006).

con un principio y un fin, lo que en nuestro mundo equivaldría al tiempo y el espacio. Como no pudimos reconocer al autor en nuestro drama, convertimos la buena nueva en tragedia e incluso le quitamos la vida, pero nuestro autor nunca puede morir, y nosotros, mientras él nos recuerde, tampoco moriremos.

¿Cuántas veces sientes que eres rescatado por una mano que entra a tu realidad para reescribir tu historia? Ahora me doy cuenta de que había un Shakespeare inspirando mi historia desde su realidad. Me hubiera ido mejor si le hubiera permitido la libertad de escribir más capítulos de mi vida, pues seguro que sus ideas hubieran sido mejores que las mías. Hoy puedo ver que, aunque no podía tocarme, sí podía ver el pasado, el presente y el futuro de mi historia, sólo que con él jamás habrá un final. Mi Shakespeare es Dios y, como la luz del sol, también sé que el amor de Dios llega a todos en el planeta, incluso a aquellos que no sepan sobre él o le llamen de otra manera. Los que sabemos del sol podemos apuntar hacia la fuente y anunciar la buena nueva a los demás: «De allí viene la luz, mira hacia él».

De regreso a la unidad

Después de navegar por el sube y baja de la marea de las aguas de la adolescencia espiritual y luego de un corto remolino de intolerancia religiosa propulsado por la rigidez dogmática y el fanatismo, encontré un centro. Tuve que aceptar que no todo lo que había aprendido en Om tenía que ser descartado y también aprendí que no todo lo que dice Amén tiene que ser aceptado. Existen personas que se apartan de los demás, piensan que acercarse a alguien diferente es una traición a su fe. Todo lo contrario, ahora sé que es en la unidad y no en el prejuicio donde se encuentra el verdadero amor. La unidad no significa que estemos de acuerdo ni que nos unifiquemos hasta hacer desaparecer nuestra individualidad mutuamente. Ya estamos unidos en Espíritu, pero nuestra alma tiene un propósito individual. Es importante discernir a la vez que aceptamos las diferencias, pero no se puede caminar en una burbuja rechazando al otro simplemente por nuestra creencia de que es diferente, porque en el interior todos compartimos el mismo Espíritu.

Existe una historia común que entrelaza la mayoría de las religiones que he estudiado, es el hilo dorado que apunta a algunas verdades que todos compartimos y que es hilvanado más allá de nuestras apariencias percibidas. Esto señala la evidencia de que Dios se ha revelado a todos de alguna manera. Hay más de un denominador común entre los seres humanos: el bien, la verdad, el amor, la unidad, la paz, la misericordia, la compasión, el respeto a la vida, la belleza y la justicia.

Con respecto a la conciencia espiritual no se trata de saber más, sino de conocernos más, para ser más nosotros mismos y parecernos más a Dios en sus cualidades.

Algunas de las descripciones teológicas del mundo se parecen más a nuestra definición de Dios cuando apuntan a un Dios cercano, mientras que otras se alejan cuando miran a un Dios universal, incluso están aquellas que parecen opuestas cuando ni siquiera creen en un Dios, pero Dios no es una creencia, sino una experiencia que se revela y se muestra por medio del amor.

Al final, la diferencia entre *amen*, y la palabra Amén es sólo un acento.

Amén

ÍNDICE